MÉMOIRES DE GUERRE

collection
dirigée
par
François Malye

Visite sur les trois fronts

Arthur Conan Doyle

Visite sur les trois fronts :

aperçu des lignes britanniques, italiennes et françaises

Texte traduit par Laurent Bury

Préface de François Malye

Paris
Les Belles Lettres
2014

Titre original :

*A Visit to Three Fronts: Glimpses of the British,
Italian and French Lines*

www.lesbelleslettres.com

Retrouvez Les Belles Lettres sur Facebook et Twitter.

ISBN : 978-2-251-31007-7

Préface

Mais que fait donc sir Arthur Conan Doyle, à 55 ans, « un bol de fer sur la tête », dans la boue des tranchées italiennes, anglaises puis françaises, en ce mois de mai 1916 ? Dès la première phrase de *Visite sur les trois fronts*, le père de Sherlock Holmes se présente comme « un observateur britannique indépendant ». C'est à la fois vrai et totalement faux. Outre la formidable description de la guerre que nous laisse l'un des grands écrivains britanniques, ce qui nous apparaît aujourd'hui comme un mensonge est l'intérêt majeur de ce court ouvrage qui n'avait pas été réédité depuis sa publication en 1916 et intègre la collection « Mémoires de guerre » dans une nouvelle traduction de Laurent Bury. Les textes de propagande – encore faudra-t-il se mettre d'accord sur ce mot – appartiennent à la littérature de guerre, sauf à négliger combien celle-ci fut déterminante pour les pays engagés dans la grande boucherie du premier conflit mondial. À plus forte raison quand ces récits sont signés par les plus grands écrivains britanniques.

Sir Arthur Conan Doyle œuvre en réalité pour le War Propaganda Bureau (WPB). Celui-ci a été fondé dans les premières semaines de la guerre, en septembre 1914, sur ordre du chancelier de l'Échiquier, David Lloyd George et confié à Charles Masterman, un journaliste et homme politique libéral de 41 ans, reconverti pour l'heure dans la manipulation de l'opinion.

Sa mission est vitale puisqu'il s'agit de mettre au service de la Grande-Bretagne tout ce que le pays compte d'artistes et de talents. Pour le Royaume-Uni, l'objectif est simple : présenter les Allemands comme des barbares et sensibiliser l'opinion américaine afin que le puissant allié d'outre-Atlantique entre dans le conflit à ses côtés. Au War Propaganda Bureau, dont le siège se situe à Waterloo House à Londres, on trouve des peintres, des photographes mais surtout un formidable bataillon d'écrivains. La liste est impressionnante : aux côtés de Doyle, il y a Rudyard Kipling et H. G. Wells (dont les Belles Lettres publient respectivement *La France en guerre* et prochainement *La guerre et l'Avenir*), Thomas Hardy, Arnold Bennett, John Masefield, Ford Madox Ford, William Archer, G. K. Chesterton, sir Henry Newbolt, John Galsworthy, Gilbert Parker, G. M. Trevelyan mais aussi des femmes comme Jane Ellen Harrison, May Sinclair, Flora Annie Steel. Au total vingt-cinq des plus grands noms de la littérature britannique. « Grâce à l'accès aux réseaux des pouvoirs politiques et économiques, et à la correspondance qu'ils maintenaient avec nombre de fidèles lecteurs, ils formaient le groupe d'écrivains le plus influent que le monde ait jamais connu », estime l'historien Gary Messinger[1].

« Il faut prendre garde d'imposer au fait historique notre vision actuelle des choses », écrivait en 1976 le philosophe Jacques Ellul dans son *Histoire de la propagande*[2]. De celle-ci, notre mémoire, conditionnée par l'image, conserve surtout celle des films et des affiches. Ces outils nouveaux, produits des nouvelles techniques, ne viendront qu'après l'écrit et finiront

---

1. Gary Messenger, *British Propaganda and the State in the First World War*, 1992, Manchester University Press.
2. Jacques Ellul, *Histoire de la propagande*, « Que sais-je ? », Presses universitaires de France, 1976.

par le marginaliser. Mais ce sont les écrivains qui ont amorcé cette prise en main du public encore balbutiante. Pour Jacques Ellul, la propagande moderne débute bien avec le premier conflit mondial mais « de façon incohérente et temporaire ». C'est le léninisme, à partir de 1917, qui la rendra « systématique et durable ». Celle du Royaume-Uni va évoluer très rapidement et devenir la plus performante de tous les pays alliés.

En France, dans ce domaine, rien n'est prêt. La seule contribution notable sera le lancement de tracts par des avions au-dessus des lignes ennemies. Les Allemands se montreront très médiocres dans l'exercice. Mais côté britannique, cette nouvelle « Congrégation de la propagande »[1] formée par les plus belles signatures des lettres britanniques va exceller dans cette guerre des idées. Comme ce département du Vatican – à l'origine du mot –, créé en 1689 et chargé de propager la foi, tous ces ardents défenseurs de l'Empire, unis comme un équipage sur le pont du navire quand celui-ci se jette dans la bataille, vont répandre la leur : la supériorité morale britannique ne fait pas de doute face à la brutalité de ces junkers prussiens à la nuque raide. C'est *la grande guerre pour la civilisation* qui est menée comme le mentionne le revers de la médaille de la Victoire. Ces intellectuels sont-ils pour autant des propagandistes ? Dans une thèse récente, un universitaire, Anurag Jain[2], s'est penché sur les relations de Doyle, Kipling, Wells et Ford Madox Ford avec le WPB. Il en ressort que ce ne sont pas eux qui font de la propagande mais bien le WPB en facilitant leurs contacts sur le terrain et en organisant la diffusion la plus large de

1. La Congrégation de la propagation de la foi, ou *Congregatio de Propaganda fide*.
2. Anurag Jain, *The Relationship between Ford, Kipling, Conan Doyle, Wells and British Propaganda of the First World War*, Queen Mary, University of London, mars 2009.

leurs écrits. Et de rappeler que lorsque Conan Doyle assista
à la première réunion organisée par Charles Masterman, il
avait déjà achevé son premier texte *To Arms* ! « Le manuscrit
du pamphlet de Conan Doyle n'était pas de la propagande. Il
l'est devenu lorsque le WPB l'a publié et diffusé. » Doyle n'en
est d'ailleurs pas peu fier puisque dans une lettre à son frère
cadet, Innes, en août 1914, il lui explique : « J'ai commencé à
composer des tracts (en allemand) qui doivent être distribués
dans tous les endroits où nous pouvons nous rendre afin de
montrer aux Allemands que ce sont bien leurs propres tyrans,
cette fichue autocratie prussienne, que nous combattons ». Et
en post-scriptum, il ajoute, blagueur : « Entre nous, si je voulais
recevoir le titre de baron, après cela, je pourrais l'obtenir, moi
petit "arriviste". »

Bref, il n'a pas été nécessaire de tordre le poignet de ces
grands noms de la littérature. Ils n'ont d'ailleurs jamais caché
au public leur position en faveur de la guerre qu'ils ont affichée,
dès le 18 septembre 1914, dans un appel solennel publié par
The Times. En revanche, leur participation aux travaux du
WPB – c'était l'une des conditions posées – ne sera connue
que bien plus tard, en 1935, révélation qui passera d'ailleurs
inaperçue. Durant ces quatre années, le War Propaganda Bureau
publie environ cinq cents textes, pamphlets, articles, véritable
déluge d'informations de toutes sortes, savamment ciblées.
Le plus fameux reste le rapport Bryce, publié en 1915, et qui
dénonce les exactions allemandes dans la Belgique occupée.
Suit l'exploitation du torpillage du *Lusitania* le 7 mai 1915,
de l'usage des gaz par les troupes allemandes, des raids de
zeppelins ou encore de l'exécution, en octobre, de l'infirmière
britannique Edith Cavell, devenue une héroïne. Tout confirme
la férocité de ces Huns qu'il faut arrêter à tout prix. « Pourquoi
devrions-nous nous souvenir de ces incidents ? Est-ce parce

que, au combat, la haine prouve tout son intérêt, comme les Allemands l'ont prouvé depuis longtemps ? Elle endurcit l'esprit et fixe les convictions comme aucune autre émotion », écrit Conan Doyle dans *The Times*, le 26 décembre 1917.

Mieux que tout autre, il incarne cette âme britannique gonflée de la gloire de l'Empire. Arthur Ignatius Conan Doyle est né le 22 mai 1859 à Édimbourg (Écosse) d'une mère irlandaise et d'un père écossais qui l'élève dans l'amour des livres et des aventures chevaleresques. Il commence à écrire tout en débutant ses études de médecine mais le succès met plusieurs années à venir. La première enquête de son héros, Sherlock Holmes, *Une étude en rouge*, publiée en 1887 par le *Beeton's Christmas Annual* passe d'abord inaperçue avant que le *Strand Magazine* n'accepte une série de nouvelles aventures de l'homme de Baker Street. Cette fois, le succès est fulgurant et Conan Doyle, à 33 ans, se retrouve sur la route de la gloire. Mais le jeune médecin de Southsea (faubourg de Portsmouth) est vite étouffé par la popularité du détective cocaïnomane, tout autant que par sa mère, la terrible « Ma'am » qui exige même de son fils le retour du héros dont il était parvenu à se débarrasser dans l'accident des chutes de Reichenbach en 1893.

La véritable passion de Conan Doyle, c'est l'épopée. Et il va devenir l'un des maîtres du roman historique à l'instar de son modèle, Walter Scott. Il publie une série de chefs-d'œuvre qui débute avec *Micah Clarke* en 1889, suivi de *La Compagnie blanche* (1891) – qu'il estimait être son meilleur ouvrage – ou encore de *La Grande Ombre* (1892), magnifique pièce de son cycle napoléonien. À partir de 1894, il voyage aux États-Unis pour donner des conférences, rencontre Rudyard Kipling dans le Vermont, se lie avec Robert Louis Stevenson. Ce sera ensuite l'anticipation, l'inconnu des lointaines colonies de l'Empire et les nombreuses inventions scientifiques suscitant également la curiosité des lecteurs. Doyle, auteur prolifique, crée un nouveau héros, le professeur Challenger avec *Le Monde perdu* (1912), petit monument de la littérature fantastique.

Si son visage tout en rondeurs semble démentir son appétit d'exploits physiques, son regard clair en dit long sur sa détermination. Rompu aux sports aventureux comme un garçon britannique de bonne naissance doit l'être, embarqué sur un baleinier à 21 ans, grand voyageur, candidat malheureux à plusieurs élections, le courage et l'intrépidité sont ses deux valeurs essentielles. Quant à la défense de l'Angleterre, elle n'est même pas à discuter. Conan Doyle en convenait sans honte, il devait son adoubement, en 1902, à ses écrits très favorables à la Grande-Bretagne sur la guerre des Boers, rédigés dès que les premières polémiques avaient éclaté sur les exactions commises par les Britanniques. Un conflit dans lequel il se précipite et où il finit par servir quelques mois comme médecin. Même attitude en 1914 où il se présente au bureau de recrutement. On l'éconduit poliment en raison de son âge avancé. « Bien que j'aie 55 ans, je suis toujours très fort et robuste, et je peux faire entendre ma voix de loin, ce qui est utile au feu », a-t-il plaidé, en vain. Conan Doyle organise alors une milice de volontaires, la Crowborough Company of the 6th Royal Sussex Volunteer Regiment où il est deuxième classe.

Dans la préface de son autobiographie *Ma vie aventureuse*[1], François Rivière dresse de lui ce portrait : « L'attitude qui fut celle de Conan Doyle en plus d'une occasion aurait plus tendance à mettre l'accent sur la part candide de sa personnalité, sur son aptitude à tomber la tête la première dans quelques-uns des pièges que sa notoriété, conjuguée à la malignité de

---

1. Conan Doyle, *Ma vie aventureuse*, préfacé par François Rivière, Terre de Brume, 2003.

certains, tendait sous ses pas… » En réalité, Conan Doyle ressemble un peu à l'un de ses héros, le fameux brigadier Gérard, hussard des guerres de l'Empire, aimant passionnément son pays, courageux et un peu fanfaron. Mais Doyle a été aussi un homme de convictions, jusqu'à la passion quand il s'est agi de sauver des hommes injustement condamnés à la suite d'erreurs judiciaires, comme George Edalji en 1906 et Oscar Slater en 1909. Plus encore, sa seule participation à la campagne menée aux côtés du journaliste Edmund Dene Morel et du diplomate Roger Casement contre les horreurs commises au Congo par les sbires du roi de Belgique Léopold II, ces millions de morts dans ce qui était alors sa propriété privée, lui fait honneur à jamais. Il en tire un pamphlet, terrible, *Le Crime du Congo* (1909) et quand son camarade Casement est condamné à mort pour haute trahison après avoir participé à l'insurrection de Pâques en 1916 à Dublin, il fera tout, mais en vain, pour qu'il ne soit pas exécuté. Son autre combat, qui explique son engagement sans faille, est son obsession de la menace allemande, bien avant que la guerre n'éclate. « Les Allemands pensent qu'ils sont les meilleurs et ont besoin de le prouver », écrit-il, évoquant un « profond complot, un complot contre les libertés de l'Europe, s'étendant durant plusieurs années, planifié au moindre détail » et développé par « une horde d'espions ainsi qu'une planification militaire et navale ». Déjà, dans ses pamphlets d'avant-guerre, il avait mis en garde ses compatriotes sur les forces militaires grandissantes de l'Allemagne et insisté sur l'importance, en cas de conflit, de disposer d'un tunnel reliant la France et le Royaume-Uni.

Si la guerre le saisit sur son erre d'auteur à succès, elle ne le surprend donc pas. Il va se jeter dans cette grande Histoire qui se déroule enfin devant lui, aboutissement de sa vie d'aventures. Il multiplie les articles et, en 1917, ressuscite même Sherlock

Holmes et le docteur Watson pour une ultime aventure, *Son dernier coup d'archet* où, à la veille de la conflagration, le détective démasque un espion allemand qui sévit en Grande-Bretagne depuis plusieurs années. Elle débute ainsi : « Il était neuf heures du soir le 2 août le plus terrible des mois d'août de l'histoire mondiale. » Il consacre ensuite plusieurs années à rédiger l'histoire du conflit, ouvrage énorme, nourri de ses nombreuses entrevues avec les généraux et hommes politiques les plus en vue, dont Clemenceau qu'il rencontre pour la première fois lors de cette *Visite sur les trois fronts* et dont il dresse un portrait effrayant.

Ce reportage sur le terrain est publié durant l'été 1916[1]. Conan Doyle y présente les soldats alliés comme autant de chevaliers de la guerre moderne. Personnages forcément superbes luttant contre les horribles Boches, dans un océan de destructions, comme à Ypres : « C'est la ville d'un rêve, cette moderne Pompéi, détruite, désertée et profanée, mais avec une dignité fière et triste qui vous poussait malgré vous à baisser la voix en passant dans ses rues en ruine. » Car ce n'est pas une guerre coloniale comme celle des Boers, si moderne et brutale fût-elle, que découvre Conan Doyle mais une boucherie inimaginable, comme si un laminoir s'était abattu sur le continent. « L'Allemagne avait décidé de saigner la France à blanc. Eh bien, elle l'a fait. La France est pleine de veuves et d'orphelins d'un bout à l'autre du pays. »

La mission du War Propaganda Bureau sera couronnée de succès, les États-Unis rejoignant les Alliés en 1917. Des

---

1. « A Visit to Three Fronts : Glimpses of the British, Italian and French Lines », Hodder and Stoughton, Londres, 1916. Publié en France dans trois numéros (8 juillet, 22 juillet et 5 août 1916) de la revue *La Renaissance politique, littéraire et artistique*.

centaines de milliers de volontaires s'engageront dans l'armée britannique. Beaucoup y mourront. « J'aurais pourtant voulu garder le silence et méditer, peut-être même prier. Ici, sous mes pieds, se trouvait l'endroit que nos chers garçons, dont trois membres de ma famille, avaient sanctifié de leur sang. Ici, luttant pour la liberté du monde, ils avaient gaiement donné tout », écrit Doyle une fois arrivé dans la Somme. Deux de ses neveux sont morts et son frère John Francis surnommé « Innes », brigadier général, mourra de maladie en 1919. Mais surtout Conan Doyle perd son fils aîné, Kingsley, capitaine au Hampshire Regiment. Grièvement blessé au premier jour de l'offensive de la Somme, il mourra de la grippe espagnole en novembre 1918. Il allait avoir 26 ans. Son père plonge alors dans un désespoir dont il ne se relève pas, jusqu'à sa mort, le 7 juillet 1930. La guerre, elle, ne ment pas.

François Malye

Chronologie

22 mai 1859 : naissance d'Arthur Ignatius Conan Doyle à Édimbourg.

1876-1881 : études de médecine à Édimbourg.

1887 : *Une étude en rouge*, publiée dans le *Beeton's Christmas Annual* ou apparaît pour la première fois le personnage de Sherlock Holmes. Celui-ci sera, au fil des années, le héros de quatre romans et cinquante-six nouvelles.

1889 : *Micah Clarke*, premier roman historique.

1890 : *La Compagnie blanche*.

1892 : *La Grande Ombre*, début de son cycle napoléonien.

1893 : *Le Dernier Problème*, où Sherlock Holmes meurt avant d'être ressuscité par l'auteur quelques années plus tard.

1900 : Conan Doyle participe à la guerre des Boers comme médecin. Il publie *La grande guerre des Boers*.

1902 : *La Guerre en Afrique du Sud : ses causes et sa conduite*.

1905 : *sir Nigel*.

1906 : décès de sa première femme, Louise. Conan Doyle prouve l'innocence de George Edalji, jeune notaire indien, condamné à sept ans de prison.

1907 : mariage avec Jean Leckie.

1909 : *Le Crime du Congo*, pamphlet contre les massacres de l'administration belge au Congo.

1912 : *Le Monde perdu*.

1916 : *Visite sur les trois fronts*.

1916-1919 : *La Campagne anglaise en France et dans les Flandres*.

1918 : mort de son fils aîné Kingsley, blessé à la bataille de la Somme et victime de la grippe espagnole.

1919 : mort de son frère, le brigadier général Innes Doyle.

1930 : 7 juillet, mort de sir Arthur Conan Doyle dans sa demeure de Crowborough, dans le Sussex.

Introduction

Au cours du mois de mai 1916, les autorités italiennes exprimèrent le désir qu'un observateur britannique indépendant visite leurs lignes et publie ses impressions. C'était l'époque où nos courageux et compétents alliés avaient essuyé un revers dans le Trentin à cause d'une soudaine concentration des Autrichiens, soutenus par une très lourde artillerie. On me demanda d'entreprendre cette mission. Afin de la mener à bien correctement, je stipulai qu'on m'autoriserait d'abord à visiter les lignes britanniques, pour que j'aie un point de comparaison. Le ministère de la Guerre accéda aimablement à ma requête. Plus tard, j'obtins également la permission d'aller voir les lignes françaises. J'eus donc la grande chance, en ce moment de crise, de visiter la ligne de bataille de chacun des trois grands alliés occidentaux. Je regrette qu'il n'ait pas été en mon pouvoir de compléter mon expérience de ce front en allant voir la vaillante petite armée belge qui s'est si remarquablement battue sur l'aile gauche des armées de la liberté.

Mes expériences et mes impressions sont ici transcrites, et contribueront peut-être à lutter contre ces malentendus nuisibles et ces dénigrements mutuels que fomente avec tant d'ardeur notre ennemi perfide.

Arthur Conan Doyle, Crowborough, juillet 1916

Un aperçu de l'armée britannique

1

Ce n'est pas chose facile que d'écrire du front. On sait que plusieurs messieurs courtois mais inexorables peuvent avoir leur mot à dire, et leur présence « ne rend guère plus aisé le style[1] ». Mais surtout vous affrontez votre conscience et votre bon sens, ces deux censeurs qui vous assurent que si tous les autres lecteurs vous font défaut, vous en trouverez certainement un très attentif dans le voisinage du quartier général ennemi. On raconte encore l'histoire instructive d'un voyageur plein de bonne volonté qui s'était déclaré satisfait de l'apparition des gros canons dans le village retiré et paisible de Jamais ; trois jours après, par une curieuse coïncidence, le village de Jamais avait soudain été rayé de la carte et s'était désintégré en plâtras et en éclats de bois.

Je suis déjà parti avec des soldats sur le sentier de la guerre, mais je n'avais encore jamais connu journée aussi remplie d'expériences et d'impressions que celle d'hier. Du moins pourrai-je en relater vaguement certaines au lecteur, et si elles tombent un jour sous les yeux de ce monsieur du *Hauptquartier*, elles ne lui procureront que peu de joie. Car mon impression suprême concerne l'assurance extrême et imperturbable de

---

1. Vers extrait d'un poème comique de Bret Harte, « Réponse du jeune homme à la lettre de la demoiselle » (toutes les notes sont du traducteur).

l'armée et son extraordinaire efficacité en matière d'organisation, d'administration, de matériel et de personnel. J'ai rencontré en un jour toute une gamme d'individus, un commandant d'armée, un commandant de corps, deux commandants de division, des officiers d'état-major aux grades variés et, surtout, j'ai rencontré à plusieurs reprises les deux très grands hommes que la Grande-Bretagne ait produits, le simple soldat et l'officier de régiment. Partout et sur chaque visage, on lisait la même bravoure joyeuse. Même les hurluberlus à demi fous que leur conscience absurde empêche de barrer la route au démon me semblaient devenir des hommes sous l'influence générale. J'en ai vu toute une fournée, névrosés et binoclards, mais travaillant avec cœur sur le bord de la route. Ils finiront par se porter volontaires pour les tranchées[1].

*

S'il y a parmi nous des pessimistes, ils ne se trouvent pas parmi les hommes qui font le travail. Il n'y a chez eux ni forfanterie stupide ni sous-estimation d'un adversaire sinistre, mais un intérêt vif, alerte et assuré pour la tâche en cours, fort édifiant pour l'observateur. Ces braves gars protègent à présent la Grande-Bretagne. Veillons à ce que la Grande-Bretagne les protège à l'avenir ! Par le passé, nous nous sommes mal acquittés de cette tâche. Il faut que cela change. Ces officiers et ces soldats sont les pupilles de la nation. Le socialisme ne m'a jamais attiré, mais je deviendrais socialiste dès demain si je

---

1. Conan Doyle fait ici allusion aux objecteurs de conscience. En mars 1916, la Grande-Bretagne venait de voter une loi imposant la conscription ; durant les six premiers mois, 750 000 Britanniques invoquèrent l'objection de conscience, et seul un très faible pourcentage d'entre eux se vit accorder le droit de ne pas combattre.

pensais que, pour alléger un impôt sur la fortune, ces hommes soient un jour pénalisés pour le temps ou la santé qu'ils ont sacrifiés à la cause publique.

« Sortez de la voiture. Ne la laissez pas garée ici. Elle pourrait être visée. » Ces mots d'un officier d'état-major vous laissent entendre qu'il va se passer des choses. Jusque-là, vous rouliez à travers le pays noir du district de Walsall, avec toute la population d'Aldershot lâchée sur ses routes sales. « Mettez ce casque pare-éclats. La casquette que vous avez là rendrait furieux les Boches (allusion désobligeante au seul uniforme que j'aie le droit de porter). Prenez ce masque à gaz. Vous n'en aurez pas besoin, mais ce sont les ordres. Et maintenant, venez ! »

Nous traversons une prairie et entrons dans une tranchée. Ici et là, elle remonte à la surface quand il y a un angle mort. À un de ces endroits se trouve une vieille église, un obus non explosé planté dans un de ses murs. Dans un siècle, les gens feront le voyage pour admirer cet obus. Puis nous repartons par une percée qui n'en finit pas. Sous nos pieds, de l'argile glissante. Mes souliers ne sont pas cloutés, j'ai un bol de fer sur la tête, et le soleil par-dessus. Je me souviendrai de cette promenade. Dix fils téléphoniques courent sur le côté. Ici et là de gros chardons et d'autres plantes jaillissent des parois d'argile, tant nos lignes sont immobiles. Il y a parfois des zones en désordre. « Les obus », explique l'officier, laconique. Le vacarme des canons est devant nous et derrière nous, surtout derrière, mais le danger semble loin, avec tous ces groupes de joyeux tommies à la Bairnsfather[1] qui s'activent autour de nous. Je passe devant un groupe de jeunes hommes crasseux,

---

1. Le capitaine Bruce Bairnsfather (1887-1959) se fit connaître dès 1914 par ses dessins humoristiques évoquant la vie dans les tranchées, publiés dans le magazine *The Bystander*. Les soldats anglais étaient surnommés *tommies*.

en haillons. Un coup d'œil vers leurs épaules m'apprend qu'ils font partie du bataillon d'une école privée. « Je pensais que vous étiez tous officiers à présent, vous autres », dis-je. « Non, monsieur, nous ne préférons pas. » « Eh bien, ce sera pour vous un souvenir formidable. Nous avons tous une dette envers vous. » Ils saluent, et nous nous faufilons plus loin. Ils avaient le visage frais et bruni de garçons qui jouent au cricket. Mais leurs camarades étaient des hommes d'une autre trempe, aux traits durs, robustes et hâlés, des yeux qui ont vu bien des choses étranges. Ce sont les vétérans, les hommes de Mons[1], et leurs jeunes collègues des écoles privées ont un idéal à atteindre.

*

Jusqu'ici, nous n'avons eu à regarder que deux murs d'argile. Mais, à présent, notre parcours interminable et tropical s'éclaire du spectacle d'un aéroplane britannique qui survole le front. Entouré de nombreux éclats d'obus, l'appareil flotte sereinement, d'une beauté délicate sur ce fond bleu. Un autre passe ensuite, puis un autre encore. Toute la matinée, nous les voyons tourner et fondre vers le sol, et pas un Boche à l'horizon. On me dit qu'il en va presque toujours ainsi : nous occupons les airs et l'intrus boche est un oiseau rare, sauf au petit matin. Une visite au front rassurerait M. Pemberton-Billing[2]. « Nous n'avons jamais rencontré un aéroplane britannique qui n'était pas prêt à combattre », disait l'autre jour un aviateur allemand fait prisonnier. Une belle courtoisie existe entre les

1. La bataille de Mons, en Belgique, fut la première grande action du corps expéditionnaire britannique sur le continent, le 23 août 1914.
2. Noel Pemberton-Billing (1881-1948), aviateur britannique et homme politique d'extrême droite, qui accusait le gouvernement de négliger l'armée de l'air.

aviateurs des deux camps, les uns lâchant sur les aérodromes des autres des messages pour les informer du sort des officiers disparus. Si les Allemands avaient conduit la guerre comme leurs aviateurs la conduisent (je ne parle évidemment pas des meurtriers des zeppelins), une paix aurait fini par être trouvée bien plus aisément. Quoi qu'il en soit, même si tous les litiges frontaliers pouvaient être réglés, il serait difficile de mettre un terme au conflit tant que n'a pas été porté devant la Justice internationale tout ce qu'évoquent les mots Cavell, Zeppelin, Wittenberg, Lusitania et Louvain[1].

Nous y voilà maintenant, dans ce qui est sûrement l'endroit le plus extraordinaire au monde, la tranchée de tir, la digue externe qui repousse la marée allemande. Curieusement, cette monstrueuse oscillation de forces gigantesques, partant de l'est vers l'ouest, trouve son équilibre ici, dans cette prairie des Flandres. « Jusqu'où ? », demandai-je. « Cent quatre-vingts mètres », répond mon guide. « Pan ! », lâche un tiers, juste devant. « Un tireur, explique mon guide. Jetez un coup d'œil dans le périscope. » J'obéis. Il y a devant moi du fil de fer rouillé, puis un champ qui remonte en pente dessous, couvert d'une herbe qui arrive au genou, puis à nouveau du fil de fer rouillé, et une bande rouge de terre retournée. On ne perçoit pas le moindre mouvement, mais des yeux perçants nous observent sans cesse, alors même que les soldats accroupis autour de moi les observent. Des Allemands morts gisent devant nous

---

1. Edith Cavell (1865-1915), infirmière britannique fusillée par l'armée allemande pour avoir favorisé l'évasion de centaines de soldats alliés ; les dirigeables appelés zeppelins lâchèrent des bombes sur l'est de l'Angleterre dès janvier 1915 ; les prisonniers détenus au camp de Wittenberg souffraient de conditions particulièrement désastreuses ; le paquebot britannique Lusitania fut torpillé par un sous-marin allemand le 7 mai 1915 ; la ville flamande de Louvain fut incendiée par les Allemands dès août 1914.

dans l'herbe. Pas la peine de les voir pour savoir qu'ils sont là.
Assis dans un coin, un soldat blessé se masse la jambe. Ici et
là, des hommes surgissent comme des lapins d'abris latéraux
et de puits de mine. D'autres sont assis sur la marche de tir ou
fument, adossés à la paroi d'argile. En regardant ces visages
téméraires et insouciants, qui songerait que c'est ici une ligne
de front, et qu'à tout moment une vague grise pourrait les
submerger ? Malgré leur insouciance, je remarque que chacun
a son masque à gaz et son fusil à portée de main.

Un kilomètre et demi de marche pénible dans les tranchées,
puis nous revenons sur nos pas. On m'emmène ensuite en
voiture à une quinzaine de kilomètres de là. La pause déjeuner
a lieu au quartier général du corps d'armée, après quoi on
nous conduit à une remise de médailles sur une place de
marché. Les généraux Monro, Haking et Landon, tous trois
illustres combattants, sont les représentants britanniques[1].
Monro, visage rubicond, un cerveau au-dessus d'un corps de
bouledogue ; Haking, pâle, distingué, intellectuel ; Landon,
hobereau charmant et chaleureux. Un général français âgé
les accompagne. L'infanterie britannique surveille le terrain.
Devant eux, une cinquantaine de Français en civil, issus
de toutes les classes de la société, ouvriers et hommes du
monde, en double rangée. Ils sont tous tellement blessés
qu'ils ont été renvoyés à l'arrière, mais aujourd'hui ils vont
recevoir une consolation pour leurs blessures. Ils s'appuient
lourdement à des cannes, le corps tordu et estropié, mais leur
visage rayonne d'orgueil et de joie. Le général français met

---

1. Sir Charles Monro (1860-1929), commandant de la Ire armée britannique
en France en 1916 ; sir Richard Haking (1862-1945) perdit 80 % de ses
hommes lors de la bataille de Fromelles en juillet 1916 ; Herman Landon
(1859-1948) participa à la bataille de la Somme en juillet 1916.

sabre au clair et s'adresse à eux. On saisit des mots comme *honneur* et *patrie*. Ils se penchent en avant sur leurs béquilles, s'accrochent à chaque syllabe sifflante et râpeuse, sortie de sous cette épaisse moustache blanche. Puis les médailles sont épinglées. Un malheureux, terriblement blessé, a besoin de deux cannes. Une petite fille s'élance avec quelques fleurs. Il se baisse pour l'embrasser, mais les béquilles glissent et il manque tomber sur elle. C'est un spectacle pitoyable et néanmoins beau.

À présent, les candidats britanniques s'avancent un par un pour recevoir leur médaille, des hommes robustes et volontaires, hâlés et vigoureux. Il y a un brillant jeune officier des Fusiliers écossais, puis un échantillonnage du régiment de Worcester, des fusiliers gallois et écossais, avec un drôle de petit highlander, minuscule sous son casque en forme d'assiette à soupe, visage de gamin souriant et uniforme dépenaillé. « Nombreux actes de bravoure », telle est la raison qui lui vaut d'être décoré. Même les blessés français sourient de son aspect bizarre, tout comme les fait sourire un autre Britannique qui a pris l'habitude du chewing-gum et qui vient chercher sa médaille comme si on l'avait appelé soudain au milieu de son dîner qu'il tente encore d'engloutir. Puis c'est la fin, avec l'hymne national. Le régiment britannique se met en rang par quatre et s'en va. C'est à mes yeux la vision la plus impressionnante. C'était le Queen's West Surrey, régiment vétéran de la grande bataille d'Ypres. Des gars formidables ! Quand vint l'ordre « Garde à vous », et que tous ces visages sombres et farouches se dressèrent autour de nous, je sentis la puissance de l'infanterie britannique, son individualité intense qui n'a rien d'incompatible avec la plus haute discipline. Ils en avaient subi de belles, mais une grande ardeur brillait sur leur visage. J'avoue qu'en regardant ces braves petits Anglais, en pensant à ce que nous leur devons, à eux et à leurs semblables qui ne sont plus, je me sentais plus ému qu'il ne convient à un sujet britannique en pays étranger.

*

Une fois la cérémonie terminée, nous repartîmes pour le front. C'est vers un poste d'observation d'artillerie que nous faisions route et, une fois encore, ma description est limitée par la discrétion. Il suffira de dire qu'en une heure je me suis retrouvé coincé dans un espace très réduit, à contempler les lignes allemandes à travers une fente, en compagnie d'un jeune observateur d'artillerie vif comme l'éclair et d'une excellente vieille branche de prince russe. Devant nous se déployait une vaste plaine, balafrée, éventrée, nue par endroits, comme lorsqu'une étendue de gravier interrompt une pelouse. Pas un signe de vie ou de mouvement, à part quelques corbeaux tournoyants. Malgré tout, là-bas, à un kilomètre environ, il y a la population d'une ville. Au loin, un unique train fume à l'arrière des lignes allemandes. Nous sommes ici pour un motif bien précis. Sur la droite, à cinq kilomètres, une petite maison rouge, peu visible à l'œil nu mais très nette avec des jumelles, qu'on soupçonne d'être un poste allemand. On va la faire sauter cet après-midi. Le canon se trouve à quelque distance, mais j'entends les instructions données par téléphone. « "Maman" va bientôt se la faire », lance gaiement le jeune canonnier. « Maman » est le nom du canon. « Donnez-lui 56,34 », crie-t-il au téléphone. Quelque part à droite, « Maman » émet un horrible meuglement. Dix secondes plus tard, un énorme panache de fumée s'élève près de la maison. « Un peu court », dit notre canonnier. « Deux minutes et demie sur la gauche », ajoute une petite voix, celle d'un autre observateur, sous un angle différent. « Haussez à 75 », dit notre garçon d'un air encourageant. « Maman » rugit plus furieusement que jamais. « Ça vous plaît, comme ça ? », semble demander l'engin. « Une et demie à droite », dit notre interlocuteur invisible. Je me demande ce que ressentent les habitants de cette maison à mesure que les obus se rapprochent. « Canon chargé », dit le téléphone. « Feu ! » Je regarde à travers mes jumelles. Un éclair de feu sur la maison, une immense colonne de poussière et de fumée, qui retombe ensuite et il n'y a plus qu'un champ ininterrompu. L'avant-poste allemand a disparu. « C'est un bon petit canon », dit le jeune officier. « Et ses obus sont fiables, ajoute un supérieur, derrière nous. Ils varient selon les calibres, mais "Maman" ne se trompe jamais. » La ligne allemande est très calme. « Pourquoi ils ne répondent pas ? demande le prince russe. — Oui, ils sont calmes, aujourd'hui, répond le supérieur. Mais on a quelquefois des ennuis. » On nous emmène ensuite pour nous présenter à « Maman » qui trône, lourde et noire, au milieu de vingt de ses enfants sales qui la servent et la nourrissent. C'est un personnage important que « Maman », et dont l'importance augmente sans cesse. À chaque mois il devient plus clair que c'est elle et seulement elle qui pourra nous conduire jusqu'au Rhin. Elle le peut et elle le fera si les usines britanniques peuvent battre celles des Boches. Veillez-y, ouvriers et ouvrières de Grande-Bretagne. Travaillez maintenant, même si vous devez ensuite vous reposer à jamais, car l'avenir de l'Europe et de tout ce qui est cher est entre vos mains. Car « Maman » est exigeante, il lui faut une nourriture savoureuse et en quantité. Elle aime aussi les logements inhabituels, où elle préfère la sécurité à la dignité. Mais c'est là un sujet dangereux.

*

Une expérience de plus pour cette merveilleuse journée, la plus remplie d'impressions de ma vie entière. Le soir, nous prenons une voiture et partons vers le nord, toujours vers le nord, jusqu'à une heure tardive où nous nous arrêtons pour gravir une colline dans le noir. En contrebas s'étend une vue merveilleuse. Dans la plaine, en un immense demi-cercle, des lumières montent et descendent. Elles sont très vives, s'élèvent pendant quelques secondes puis se meurent. Parfois, on en voit une dizaine qui sont en l'air en même temps. On entend des explosions sourdes et un ratatatata occasionnel. Je n'ai jamais rien vu de tel, mais le plus approchant serait une énorme gare longue de quinze kilomètres, en pleine activité la nuit, les signaux qui clignotent, les lampes qui s'agitent, les locomotives qui sifflent et les wagons qui s'entrechoquent. C'est un lieu terrible qui s'étend en dessous de nous, un lieu qui vivra aussi longtemps qu'on écrira l'histoire militaire, car c'est le saillant d'Ypres. Et quel saillant ! Une énorme courbe, soulignée par les lumières, à qui il ne manque pas grand-chose pour être un cercle complet. Quelque chose a saisi la corde alors que le cercle se fermait, et ce quelque chose, c'est le soldat britannique. Mais cela reste un lieu périlleux de jour comme de nuit. Jamais je n'oublierai l'impression d'activité malveillante et incessante que me communiquaient ces lumières blanches clignotantes, les lueurs rouges soudain aveuglantes, et les horribles bruits assourdissants qui montaient de ce lieu de mort.

Nous étions autrefois réputés comme organisateurs. Puis vint une longue période pendant laquelle nous adoptâmes délibérément une politique individualiste, de « chacun à son goût ». Aujourd'hui, une fois de plus, dans notre détresse nous invoquons toutes nos forces d'administration et d'orientation. Elles ne nous ont pourtant pas abandonnés. Nous les possédons encore au plus haut point. Même en temps de paix, nous les manifestons dans cette immense machine bien huilée, rapide et sans bruit qu'on appelle Marine britannique. Mais nos pouvoirs se sont maintenant hissés à la hauteur de nos besoins. L'expansion de notre marine est un miracle, sa gestion et son transport en sont un plus grand encore, et la formation de la nouvelle armée est le plus grand de tous les temps. Réunir les hommes était la moindre des difficultés. Les avoir établis ici, tout étant en place, jusqu'au couvercle de la dernière casserole, voilà ce qui est étonnant. Les ustensiles des canonniers et des sapeurs, sans parler du savoir-faire nécessaire à leur utilisation, sont en eux-mêmes un énorme problème. Mais il a été entièrement résolu et maîtrisé, et le sera jusqu'au bout. Mais ne parlons plus des bévues du ministère de la Guerre. Le sujet est désormais un peu ridicule.

*

J'ai raconté ma première journée, où j'ai visité les tranchées du front, où j'ai vu le travail de « Maman », et où j'ai finalement été témoin de ce merveilleux spectacle, le saillant d'Ypres le soir. J'ai passé la nuit au QG d'un général de division, Capper, en qui l'on pourrait saluer l'un des deux pères de la force aérienne britannique, car c'est lui qui, avec Templer, a posé les bases sur lesquelles s'est érigée cette gigantesque organisation[1]. J'ai passé la matinée à rendre visite à deux généraux de brigade, d'allègres soldats blanchis sous le harnais, respectueux des prouesses du Boche, comme le sont tous nos soldats, mais pleins de la sereine assurance de pouvoir le battre. J'ai gravi avec l'un d'eux une colline dont la pente arrière grouillait des joyeux fantassins à des degrés divers de nudité, car ils se lavaient après les tranchées. Une fois la pente franchie, nous avançâmes prudemment jusqu'à un endroit d'où l'on voyait la ligne allemande. C'était le poste d'observation avancé, à environ mille mètres des tranchées allemandes, avec nos propres tranchées entre les deux. On voyait les deux lignes, parfois distantes de seulement quelques mètres, semblait-il, s'étendant de part et d'autre sur des kilomètres. La solitude et le silence sinistres avaient quelque chose d'étrangement théâtral. De telles masses d'hommes, une telle intensité de sentiments, et pourtant rien que cette campagne découverte, sans le moindre mouvement à sa vaste surface.

L'après-midi, nous étions sur la Grand-Place d'Ypres. C'est la ville d'un rêve, cette moderne Pompéi, détruite, désertée et profanée, mais avec une dignité fière et triste qui vous poussait malgré vous à baisser la voix en passant dans ses rues en ruine. C'est un lieu plus considérable que je ne l'imaginais, avec de

---

1. Sir John Capper (1861-1955) et le colonel James Templer (1846-1924) développèrent au début du xxᵉ siècle l'usage militaire des dirigeables.

nombreux vestiges de sa grandeur passée. Les mots ne peuvent décrire le véritable champ de débris qu'en ont fait les Boches. L'effet de certains obus est parfois effrayant. Un château d'eau en plaques de fer, haut d'une quinzaine de mètres, avait été renversé comme une grande toupie métallique. Il n'y a plus âme qui vive, sauf quelques piquets de soldats, et quantité de chats devenus féroces et dangereux. De temps en temps un obus tombe encore, mais les Boches savent sans doute que la dévastation est déjà complète.

Nous nous tenions sur la place solitaire et envahie par les herbes, jadis le centre actif de la ville, et nous admirions la beauté de la cathédrale défoncée et, tout près, de la vacillante halle au drap. Comment, du temps de leur splendeur, pouvaient-elles être plus magnifiques qu'à présent ? Si on préservait ces édifices en l'état, et si un artiste inspiré par le Ciel dressait devant eux une statue de la Belgique, un doigt pointé vers le traité par lequel la Prusse garantissait sa sécurité et l'autre vers le sacrilège commis derrière elle, cela formerait le groupe le plus impressionnant qui soit au monde. Ce fut un jour funeste pour la Belgique que celui où sa frontière fut violée, mais ce fut un jour pire encore pour l'Allemagne. J'ose prophétiser qu'il sera perçu par la postérité comme la plus grande erreur à la fois militaire et politique qui ait jamais été commise. Si les gros canons qui ont détruit Liège avaient causé leur première brèche à Verdun, quelle chance serait-il resté pour Paris ? Ces quelques semaines d'avertissement et de préparation ont sauvé la France et laissé l'Allemagne telle qu'elle est à présent, comme un taureau furieux et las, solidement attaché là où il a osé s'introduire, attendant le coup de massue.

Nous fûmes bien aises de quitter cet endroit, car ses ténèbres nous pesaient sur le cœur autant que le casque anti-obus nous pesait sur la tête. C'est le cœur et l'esprit plus légers que nous filâmes entre des villas vides et écroulées pour rejoindre les lieux où la vie normale des Flandres rurales se poursuivait comme à l'ordinaire, juste derrière la ligne de danger. Un joyeux spectacle contribua à nous réjouir, car dans l'azur un aéroplane boche détalait, deux appareils britanniques à ses trousses aboyant à coups de mitrailleuse, comme deux fox-terriers courant après un chat. Ils traversèrent le ciel avec un « ratatatata » jusqu'à ce que nous les perdions de vue, dans une brume de chaleur, au-dessus de la ligne allemande.

*

En fin d'après-midi, nous étions sur le Scherpenberg, où viendront un jour bien des millions de visiteurs, car aucune autre colline n'offre un aussi vaste panorama. C'est une zone interdite mais un laissez-passer spécial nous a permis d'y accéder et, une fois rassurée sur nos intentions, la sentinelle en faction nous a raconté des anecdotes de la guerre, dans le pur dialecte de Hull, qui aurait aussi bien pu être du chinois, car je n'y entendais goutte. Les seuls éléments que j'ai saisis sont qu'il faisait partie de la Territorial Force et avait neuf enfants. J'aurais pourtant voulu garder le silence et méditer, peut-être même prier. Ici, sous mes pieds, se trouvait l'endroit que nos chers garçons, dont trois membres de ma famille, avaient sanctifié de leur sang. Ici, luttant pour la liberté du monde, ils avaient gaiement donné tout. Sur cette prairie en pente, à gauche de la rangée de maisons sur la crête opposée, le London Scottish s'était battu à mort par cette sinistre matinée de novembre où les Bavarois avaient reculé de leur ligne déchirée par les tirs[1].

1. Le 11 novembre 1914 avait eu lieu près d'Ypres la bataille de Nonne Bosschen ; la colline de Scherpenberg allait être le théâtre d'une autre bataille en avril 1918.

La famille Doyle s'en va-t-en-guerre. Sir Arthur Conan Doyle en 1916 avec ses deux derniers fils, Adrian et Denis, déguisés en soldats de l'Empire.

1916. Arthur Conan Doyle (deuxième à partir de la gauche) photographié durant son reportage sur les lignes françaises pour son livre *Visite sur les trois fronts*.

Le capitaine Arthur Kingsley Doyle du Hampshire Regiment, fils aîné de l'écrivain. Il est grièvement blessé au premier jour de l'offensive de la Somme et, affaibli, meurt à vingt-cinq ans de maladie en octobre 1918.

Le brigadier-général John Francis « Innes » Doyle, frère cadet de l'écrivain. Sa mort en février 1919 d'une pneumonie survient quelques mois après celle de son fils Kingsley. Elle achève de plonger Arthur Conan Doyle dans la dépression.

À 40 ans, Arthur Conan Doyle se démène pour servir en Afrique du Sud durant la guerre des Boers. Il y participe à partir de 1900 au sein du Langman Field Hospital. Il en tire deux ouvrages très favorables à la politique britannique qui lui valent d'être anobli en 1902.

À la fin de sa vie, sir Arthur Conan Doyle se passionne pour le spiritualisme. Il décède le 7 juillet 1930 d'une attaque cardiaque dans sa maison de Crowborough (Sussex). L'épitaphe de sa tombe le résume en quelques mots bien choisis : « Vrai comme l'acier, droit comme une lame, Arthur Conan Doyle, chevalier, patriote, médecin et homme de lettres. »

Le père de Sherlock Holmes fut également un polémiste redouté. Il fait partie des intellectuels qui dénoncent les innombrables crimes commis au Congo, devenu la propriété privée du roi Léopold II de Belgique.

Toutes les illustrations de ce cahier proviennent de la Collection de la Société Sherlock Holmes de France - www.sshf.com

C'est dans cette plaine, de l'autre côté d'Ypres, que les trois grandes brigades canadiennes, avant tout autre contingent, affrontèrent les maudits gaz employés par la lâcheté du Boche[1]. Plus bas, la colline 60, cette éminence imprégnée de sang. La hauteur dominant les champs était tenue par la cavalerie contre les deux corps d'armée, et là où le soleil frappe un toit rouge parmi les arbres, je distingue Gheluwelt, nom à jamais associé à Haig et à la bataille la plus cruciale de la guerre[2]. Quand je me détourne, je me retrouve face à mon réserviste de Hull, qui continue à débiter des choses incompréhensibles. Je le regarde d'un autre œil. Il s'est battu dans ces plaines. Il a tué des Boches, et il a neuf enfants. Qui pourrait mieux incarner le devoir d'un bon citoyen ? J'aurais pu trouver en mon cœur la force de lui faire le salut militaire si je n'avais pas su que cela l'aurait choqué et chagriné.

Ce fut une journée bien remplie, et la suivante l'est encore plus, car j'ai le privilège de déjeuner au quartier général et de faire la connaissance du commandant en chef et de son état-major. Je violerais les lois de l'hospitalité privée si je révélais au public les impressions que m'inspira ce charmant château. Je le regrette d'autant plus qu'elles étaient très vives et fortes. Je puis du moins dire ceci – et quiconque sait lire les visages n'a pas besoin qu'on le lui dise : si l'armée est immobile, ce n'est pas par la volonté de son commandant. Il n'y aura, je le jure, pas d'homme plus heureux en Europe quand viendront le jour et l'heure. L'erreur est humaine, mais certains sont incapables de l'erreur qui consiste à ne pas vouloir agir. Nous avons en

---

1. Le 22 avril 1915 fut marqué par la toute première attaque chimique (gaz au chlore) dans l'histoire militaire occidentale.

2. Le maréchal Douglas Haig (1861-1928), commandant du corps expéditionnaire britannique.

France une superbe armée. Elle a besoin du chef adéquat pour la diriger. Je suis revenu plus heureux et plus confiant que jamais en l'avenir.

Extraordinaires contrastes de la guerre ! Moins de trois heures après avoir quitté le calme du château, j'étais au milieu de ce qui, dans toute autre guerre, aurait été considéré comme un affrontement nerveux. Il figurerait certainement dans l'un de nos rapports desséchés comme une activité de l'artillerie. Alors que nous atteignions la ligne à ce nouveau point, le bruit montrait que l'affaire était sérieuse ; de fait, nous avions choisi cet endroit parce qu'il était la semaine dernière le centre de la tempête. La méthode d'approche retenue par notre guide expert était en soi un hommage à la gravité du moment. Quand on s'éloigne de l'ordre bien réglé des Flandres pour entrer dans le théâtre de la guerre, le premier signe qu'on en voit est un groupe de dirigeables à l'arrêt, en forme de saucisses, dont une chaîne délimite le ring où sont enfermés les grands lutteurs. Nous passons sous les ballons, montons une colline et nous trouvons dans un jardin où, depuis un an, ne passent plus que les pieds de vagabonds comme nous. Y pousse une végétation folle et luxuriante, plus belle à mes yeux que tout ce que peuvent produire les soins de l'homme. Un vieux cratère d'obus, de large diamètre, s'est rempli de myosotis et forme un gracieux bassin de fleurs bleu clair, comme pour expier devant le Ciel les brutalités humaines. Nous nous glissons à travers les buissons emmêlés, puis dans une cour – « Veuillez vous baisser et courir à cet endroit » – et nous arrivons enfin à une petite ouverture dans un mur : la bataille se déroule moins devant nous que sur le côté. Pendant un moment, nous sommes aux premières loges du grand théâtre du monde, de la pièce à problème de Dieu Lui-même, qui progresse sûrement vers son magnifique dénouement. Confortablement accroupi, le spectateur inutile ressent une sorte de honte, tandis que là-bas des hommes courageux affrontent une implacable averse de mitraille.

*

Un grand champ s'étend derrière nous, sur la gauche, et les canonniers allemands ont l'idée qu'une batterie y est cachée. Ils la cherchent systématiquement. Un gros obus explose dans le coin supérieur, mais n'obtient rien de plus solide que quelques tonnes d'argile. On devine ce qui se passe dans la tête de Fritz l'artilleur. « Essayez le coin inférieur ! », dit-il, et un nuage de terre vole à nouveau. « Elle est peut-être cachée vers le milieu. Je vais essayer. » De la terre à nouveau, et rien de plus. « Je crois que j'avais raison la première fois, finalement », dit Fritz plein d'espoir. Un obus vise donc une fois de plus le coin supérieur. Le champ est plein de trous comme un gruyère, mais Fritz n'obtient rien par sa persévérance. Peut-être, après tout, n'y a-t-il jamais eu de batterie là-bas. Un effet a pourtant été atteint, de toute évidence. Il a mis très en colère plusieurs autres batteries britanniques. « Arrête les chatouilles, Fritz ! », tel est le sens de leurs cris. Nous ne pouvions pas plus les voir que le pouvait Fritz, mais leur travail constant produisait un effet très clair sur la ligne allemande. Apparemment, nous utilisions plus d'obus à mitraille et les Allemands plus d'explosifs détonants, mais peut-être était-ce simplement le fruit du hasard ce jour-là. La crête de Vimy était sur notre droite, et devant nous l'ancienne position française, avec le labyrinthe de terribles souvenirs et la longue colline de Lorette. Quand, l'an dernier, les Français, au cours d'une bataille de trois semaines, se battirent pour remonter cette colline, ce fut un long déploiement de courage, rarement surpassé même dans leurs annales militaires.

*

C'est ainsi que je me détourne de la ligne britannique. Une autre tâche plus lointaine m'attend. Je repars avec le sentiment profond de la tâche difficile qui attend l'armée, mais avec le sentiment plus profond encore de la capacité qu'ont ces hommes à faire tout ce qu'on peut demander à des soldats. Que les canons dégagent le terrain pour l'infanterie, et le reste suivra. Tout repose sur les canons. Mais les canons dépendent à leur tour de nos formidables ouvriers, hommes et femmes, qui, à l'arrière, accomplissent de tels prodiges. Qu'ils ne soient pas jugés d'après une infime minorité à laquelle on accorde peut-être trop d'attention dans nos journaux. Nous avons tous fait des sacrifices pendant cette guerre, mais quand l'histoire sera entièrement contée, le plus grand sacrifice de tous sera peut-être celui que les travailleurs ont fait quand, avec un soupir, ils ont renoncé à ce qu'il leur avait fallu tant d'années pour construire.

Un aperçu de l'armée italienne

On rencontre parmi les Italiens une gentillesse et une considération si extrêmes que notre sentiment personnel d'obligation risque de déformer notre jugement ou de gêner notre expression. Compte tenu de tout cela, je reviens, après un tour d'horizon très large mais superficiel de leur action, plein d'un profond sentiment d'admiration et avec la certitude qu'aucune armée au monde n'aurait pu tenter plus courageusement d'avancer dans des conditions extraordinairement difficiles.

D'abord, un mot sur le soldat italien. C'est un type à part entière, qui diffère de la solidarité convaincue de la nouvelle armée française comme de la vivacité sérieuse du Britannique, et qui possède pourtant un élan et une vigueur propres, sous des manières charmantes et sans prétentions. Londres n'a pas encore oublié Dorando, rendu célèbre par le marathon[1]. C'était un de ces jeunes gens souriants et détendus comme j'en vois à présent partout autour de moi. Il y eut pourtant un jour où cent mille Londoniens étaient suspendus au moindre de ses mouvements, où des hommes forts eurent le souffle coupé, où des femmes pleurèrent face à son énergie invincible mais inefficace. Lorsqu'il se fut écroulé, inconscient, durant cette course historique, sur le point d'atteindre son but, il était mû par

---

1. Dorando Pietri (1885-1942), athlète italien qui remporta le marathon de Londres lors des Jeux olympiques d'été à Londres, le 24 juillet 1908, mais fut disqualifié, car on l'avait aidé à se relever alors qu'il s'était écroulé cinq fois avant d'atteindre la ligne d'arrivée. On raconte que Conan Doyle fut l'un de ceux qui lui vinrent en aide.

une telle détermination que ses jambes continuaient à marteler la terre battue alors qu'il était étendu sur la piste comme un cheval au dos cassé, tous ses sens ayant pris congé de lui. Alors, quand par pure force de volonté, il se releva en titubant et propulsa son corps hébété de l'autre côté de la ligne, le cran dont il fit preuve plaça directement ce petit boulanger brûlé par le soleil parmi les héros de Londres. L'esprit de Dorando vit encore. J'en vois des milliers comme lui tout autour de moi. Un millier d'hommes conduits par quelques jeunes gentlemen, de ceux qui nous donnent parfois une leçon d'équitation à l'Olympia[1], seraient loin de faire un mauvais bataillon. Cette guerre est celle des tentatives les plus désespérées mais jamais l'on n'y a manqué de volontaires. Les Tyroliens sont des hommes bons, trop bons pour se battre pour une cause aussi pourrie. Mais du premier au dernier jour, les Alpins l'emportent en matière de combat en montagne, tout comme les régiments de ligne l'emportent en plaine sur les hommes du Kaiser. Jules César a relaté comment les gros Allemands se moquaient de ses petits hommes jusqu'à ce qu'ils doivent en venir aux mains avec eux. Les Autrichiens pourraient en dire autant. Il règne dans les rangs une vigueur admirable. Il est arrivé que tous les officiers tombent et que les hommes continuent cependant, qu'ils prennent une position et attendent les instructions officielles.

Mais s'il en est ainsi, demanderez-vous, pourquoi n'ont-ils pas fait davantage impression sur les positions ennemies ? La réponse se trouve dans la situation stratégique de l'Italie, qu'on peut évoquer sans entrer dans des détails techniques. Un enfant pourrait le comprendre. Les Alpes forment une telle barre à travers le Nord qu'il n'y a que deux points où

---

1. L'Olympia Horse Show est un concours hippique fondé à Londres en 1907.

l'on peut envisager des opérations sérieuses. L'un deux est le saillant du Trentin, où l'Autriche peut toujours menacer et envahir l'Italie. Elle est dans les montagnes, avec les plaines en contrebas. Elle peut toujours envahir la plaine, mais les Italiens ne peuvent sérieusement envahir les montagnes, puisque les cols ne mèneraient qu'à d'autres montagnes encore. Leur seule politique possible est donc d'empêcher l'Autriche d'aller plus loin. C'est ce qu'ils ont fait avec grand succès, et même si les Autrichiens ont récemment réussi une avancée, grâce aux ravages d'une artillerie lourde, il est parfaitement certain qu'ils ne pourront jamais mener à bien une invasion sérieuse. Les Italiens ont fait tout leur possible dans ce domaine. Reste l'autre front, l'accès par la mer. Sur ce point, les Italiens ont une chance d'avancer sur un front de plaine borné par un fleuve avec des collines au-delà. Ils ont traversé la plaine, franchi le fleuve, ils ont livré sur les pentes des collines une bataille très semblable à notre bataille de l'Aisne, ils ont capturé 20 000 Autrichiens, et à présent ils sont face au fil de fer barbelé, aux mitrailleuses, aux tranchées cimentées, et à tous les autres procédés qui les empêchent d'avancer comme ils en empêchent tout le monde. Mais rappelez-vous ce qu'ils ont fait pour la cause commune et soyez-en reconnaissants. En un an, ils ont occupé une quarantaine de divisions autrichiennes et ils ont soulagé nos alliés russes de façon très appréciable. Ils ont tué ou blessé 250 000 hommes, en ont capturé 40 0000, et ont récupéré une importante part de l'artillerie. Tel est leur bilan jusqu'ici. Quant à l'avenir, il est très facile à prédire. Ils continueront à absorber de grandes armées ennemies. Pour le moment, personne ne peut avancer bien loin. Mais si les Russes avancent, si l'Autriche doit envoyer ses hommes vers l'est, on verra un saut de tigre sur Trieste. S'il est humainement possible de briser la ligne, alors je crois que les Dorandos le feront.

« Trieste o morte[1] ! », ai-je vu inscrit à la craie sur les murs de toute l'Italie du Nord. Tel est l'objectif italien.

Et ils sont excellemment conduits. Cadorna[2] est un vieux Romain, un homme coulé dans le grand moule simple de l'Antiquité, frugal dans ses goûts, clair dans ses buts, sans autre idée en tête que son devoir. Tout le monde l'aime et a confiance en lui. Porro[3], le chef d'état-major, qui a eu la bonté de m'expliquer leur position stratégique, m'a frappé comme étant un homme d'une grande clarté de vision, de taille moyenne, droit comme un I, un visage d'aigle ridé et coloré comme une vieille noix. Tout le travail d'état-major est excellemment accompli, m'assurent des experts.

Voilà pour la situation générale. Venons-en un instant à mes petites aventures personnelles depuis que j'ai quitté le front britannique. De la France, j'espère pouvoir parler plus longuement à l'avenir, et je passerai donc d'un bond à Padoue, où il est apparu que le front autrichien s'était poliment avancé à ma rencontre, car je fus réveillé de bon matin par la chute des bombes, le vacarme des canons antiaériens et le ratatatata distant d'une Maxim[4] très haut dans le ciel. Plus tard, quand je fus descendu, j'appris que l'intrus avait été chassé et que les dégâts étaient limités. L'action des aéroplanes autrichiens est en revanche très agressive derrière les lignes italiennes, car ils ont cet immense avantage qu'une série de belles villes se trouvent à leur merci, alors que les Italiens ne peuvent rien faire sans blesser leurs propres ressortissants de l'autre côté de la frontière.

---

1. « Trieste ou la mort ».

2. Luigi Cadorna (1850-1928), commandant des troupes basées sur la frontière italo-autrichienne.

3. Carlo Porro (1854-1939), général et homme politique italien.

4. La Maxim fut la première mitrailleuse auto-alimentée, inventée en 1884 par l'Américain sir Hiram Maxim.

Ce lâcher d'explosifs, qui consiste à faire cinquante victimes dans l'espoir de tuer un soldat, me semble être l'innovation la plus monstrueuse de toute la guerre, celle qui devrait être le plus sévèrement punie dans le droit international à venir, s'il existe encore un droit international. La ville qui sert de quartier général aux Italiens, que j'appellerai Nemini, a été particulièrement frappée par ces attaques meurtrières. J'en parle avec émotion, car non seulement le plafond de ma chambre s'est écroulé quelques jours avant mon arrivée, mais l'on voyait encore au-dessus de ma fenêtre une trace graisseuse avec des lambeaux noirs, correspondant à un malheureux ouvrier qui a explosé juste devant la maison. La défense aérienne est très habilement gérée, pourtant, et les Italiens ont l'affaire bien en mains.

Mon premier contact avec la ligne italienne se fit dans cette partie que j'ai appelée la « brèche de la mer », également connue sous le nom de front d'Isonzo. Du haut d'un monticule, derrière les tranchées, on jouit d'une vue extraordinaire sur la position autrichienne, la courbe générale des deux lignes étant marquée, comme en Flandres, par les ballons-saucisses qui flottent derrière elles. L'Isonzo, si courageusement défendu par les Italiens, s'étendait devant moi, fleuve d'un bleu limpide, aussi large que la Tamise à Hampton Court. Dans un creux à ma gauche, les toits de Gorizia, la ville que les Italiens tentaient de prendre. Une longue crête désolée, le Carso, se dresse au sud de la ville et s'étire presque jusqu'à la mer. La crête est tenue par les Autrichiens, et les tranchées italiennes ont été poussées à moins de cinquante mètres d'eux. Les deux camps pratiquent un bombardement nourri, mais en ce qui concerne l'infanterie, on n'observe pas cette petite guerre malveillante et constante dont nous sommes familiers en Flandres. Je souhaitais voir les tranchées italiennes pour les comparer à nos méthodes britanniques ; on m'en a courtoisement mais fermement dissuadé, exception faite des tranchées de soutien et de communication.

L'histoire des tranchées offensives et défensives est sans doute à peu près la même partout, mais je suis convaincu que les Alliés devraient rester en contact étroit en matière d'inventions. Le rapide cerveau latin pourrait concevoir et mettre à l'épreuve une nouveauté bien plus vite que nous. La circulation des idées semble pour le moment bien insuffisante. Par exemple, quand j'étais sur les lignes britanniques, on testait une façon d'écarter le fil de fer barbelé. L'expérience était neuve et suscitait un grand intérêt. Mais, sur le front italien, j'ai découvert que ce même système avait été mis à l'épreuve depuis de nombreux mois. Dans l'usage des gilets pare-balles pour les soldats du génie et d'autres hommes qui travaillent exposés, les Italiens sont également en avance sur nous. Un de leurs ingénieurs pourrait offrir quelques conseils précieux à notre quartier général. À l'heure qu'il est, semble-t-il, les Italiens n'ont aucun représentant militaire auprès de nos armées, alors qu'ils accueillent un général britannique accompagné d'un petit état-major. Cela me paraît très mal fait, non seulement du point de vue de la courtoisie et de la justice, mais aussi parce que l'Italie n'a aucun moyen direct de connaître la vérité sur nos grands progrès. Quand les Allemands affirment que nos nouvelles armées sont en papier, il serait bon de rassurer officiellement nos alliés en leur montrant que c'est faux. Je comprends que les neutres soient tenus à l'écart de notre quartier général, mais nos alliés devraient assurément jouir d'un tout autre statut.

Après avoir eu cette vue d'ensemble des positions, j'avais hâte, l'après-midi, de visiter Monfalcone, le petit chantier naval pris aux Autrichiens, sur l'Adriatique. Les aimables officiers italiens qui me servaient de guide n'avaient pas recommandé ce voyage car, dans leur grande hospitalité, ils auraient voulu épargner à leur hôte le moindre soupçon de ce danger auquel étaient toujours prêts à s'exposer eux-mêmes. La seule route menant à Monfalcone passait près de la position autrichienne au village de Ronchi, puis la longeait sur plusieurs kilomètres. Comme on m'avait dit que les canons autrichiens n'étaient actifs que certains jours dans cette section, j'étais résolu à tenter ma chance en espérant que ce ne serait pas l'un de ces jours-là. Il s'avéra cependant que ce fut l'une des pires journées jamais vues, et le destin ne voulut pas nous laisser voir le chantier naval vers lequel nous étions partis.

Le civil semble bien ridicule lorsqu'il exagère les petites aventures qui se trouvent sur son chemin, aventure que le soldat subit en silence, parce qu'elles appartiennent à son quotidien. À cette occasion, néanmoins, nous fûmes les héros du moment, et l'épisode avait un côté risqué qui le rendait plus dramatique. Je connais maintenant ce sentiment d'attente tendue avec lequel le tétras s'envole vers l'abri du chasseur. J'ai déjà eu l'occasion de me trouver dans l'abri, et il est juste que je puisse à présent voir les choses du point de vue inverse. Alors que nous approchions de Ronchi, nous vîmes des obus éclater devant nous au-dessus de la route, mais nous n'avions pas encore compris que les Autrichiens attendaient précisément des véhicules et que leur cible leur était connue au mètre près. Nous descendions la route à une vitesse régulière de soixante-quinze kilomètres à l'heure. Le village n'était pas loin, et nous avions apparemment dépassé la zone de danger. En réalité, nous venions de l'atteindre. Un bruit éclata à cet instant, comme si nos quatre pneus avaient éclaté en même temps, une explosion tout à fait terrifiante tout près de nos oreilles, se fondant avec un second bruit, comme un coup qui résonne sur un énorme gong. Je jetai un coup d'œil dans le ciel et j'aperçus trois nuages juste au-dessus de ma tête, deux blancs et le dernier couleur de rouille. L'air était plein de métal voltigeant et, selon ce que nous déclara par la suite un observateur, la route en était toute retournée. La base métallique de l'un des obus fut retrouvée au beau milieu de la route où notre voiture était passée. Pas la peine de me dire que les canonniers autrichiens ne savent pas tirer, je sais à quoi m'en tenir.

C'est notre vitesse qui nous sauva. Nous avions un moteur ouvert et, à ce que dit un de mes compagnons italiens, lui-même officier d'artillerie, les trois obus explosèrent environ dix mètres au-dessus de nous. Alors que les projectiles arrivaient, nous roulions si vite que nous glissâmes par-dessous. Avant que les Autrichiens puissent nous en envoyer un autre, nous avions négocié le virage et nous étions protégés par une maison. Le bon colonel B. me pressa la main en silence. Ils étaient bien désolés, ces braves soldats, croyant m'avoir entraîné vers le danger. En réalité, c'est moi qui leur devais des excuses, puisqu'ils couraient ordinairement assez de risques sans devoir en prendre d'autres encore pour satisfaire le caprice d'un touriste. Barbariche et Clericetti, ces lignes vous transmettront mes remords.

Nos difficultés n'étaient en rien terminées. Nous trouvâmes une ambulance et un petit groupe de fantassins blottis sous le même abri, l'air de gens que la pluie a surpris. Au-delà, la route était prise sous un feu aussi nourri que celui sous lequel nous étions arrivés. Si les Austro-Boches avaient lâché sur nous un explosif brisant, ils auraient récolté un joli mélange. Mais apparemment, ils ne faisaient que s'amuser et ils dédaignaient une proie aussi facile. Le calme se fit et l'ambulance repartit, mais nous entendîmes bientôt une gerbe de tirs, preuve qu'ils visaient ce véhicule. Mes compagnons avaient décidé qu'il était hors de question de mener à bien notre excursion. Nous attendîmes donc un moment et nous pûmes finalement battre en retraite à pied, la voiture nous rejoignant plus tard. Ainsi prit fin ma visite à Monfalcone, l'endroit que je ne pus atteindre. J'apprends que les Autrichiens laissèrent en rade deux navires à vapeur de dix mille tonnes, non sans les rendre inutilisables avant de se retirer. Les lavabos des cabines et autres équipements ornent à présent les tranchées italiennes.

Ma deuxième journée fut consacrée à observer la guerre montagnarde des Italiens, dans les Alpes carniques. Outre les deux fronts principaux, défensif (Trentin) et offensif (Isonzo), il existe de très nombreuses petites vallées qu'il faut garder. La frontière mesure près de six cent cinquante kilomètres au total, et il faut la protéger tout entière contre les incursions, sinon les invasions. C'est une tâche des plus pittoresques. Tout en haut de la vallée de la Roccalana, j'ai trouvé les avant-postes des Alpini, soutenus par une artillerie apportée dans les positions les plus incroyables. Des canons de 220 avaient été installés là où un touriste aurait à peine pu hisser son havresac. Aucun des deux camps n'avance jamais vraiment, mais il se produit constamment des duels, canon contre canon, Alpini contre Jaeger. Le quartier général de la brigade était sis dans une petite maison au bord de la route, et c'est là que je fus reçu à déjeuner. C'est une scène que je n'oublierai pas. On trinqua à l'Angleterre. Je levai mon verre à l'*Italia irredenta*, puisse-t-elle bientôt être *redenta*. Ils se mirent tous debout d'un bond et le cercle de visages sombres s'enflamma soudain. Ils entretiennent leur âme et leurs émotions, ces gens. J'espère que les nôtres ne s'atrophieront pas à force d'être retenues.

Les Italiens sont une race vive et animée, et il est extrêmement nécessaire de prendre leurs sentiments en considération, de leur montrer notre sympathie pour ce qu'ils ont accompli, au lieu de leur imposer des exigences grincheuses et déraisonnables. Par certains côtés, ils sont en position difficile. La guerre est menée par leur excellent roi, homme dont tout le monde parle avec un respect et un amour extraordinaires, et par la population. Avec l'instinct profond d'une civilisation très ancienne, la population comprend que la liberté du monde et sa propre existence en tant que nation sont réellement en jeu. Mais plusieurs tendances viennent diviser cette force nationale. Il y a le courant ecclésiastique, qui représente le vieil esprit guelfe ou allemand, pour qui l'Autriche est la fille aînée de l'Église, fille qui ne fait guère honneur à sa mère. Puis il y a la vieille noblesse. Enfin, il y a les commerçants qui, par le biais des grandes banques et autres agences similaires, sont employés et influencés par les Allemands. Si vous tenez compte de tous ces facteurs, vous apprécierez combien il est nécessaire que la Grande-Bretagne soutienne le parti national par tous les moyens possibles, moraux et matériels. Si par malheur les autres l'emportaient, un changement subit et sinistre pourrait se produire dans la situation internationale. Quiconque fait, dit ou écrit une chose susceptible de nous faire perdre l'amitié des Italiens travaille vraiment – qu'il le sache ou non – pour le roi de Prusse. C'est un peuple admirable, qui lutte très efficacement pour la cause commune, malgré tous les handicaps terribles qu'entraîne l'absence de charbon et de fer. C'est à nous de montrer que nous en sommes conscients. La justice et la politique l'exigent.

J'ai passé dans le Trentin mon dernier jour sur le front italien. De Vérone, un trajet en voiture d'une quarantaine de kilomètres vous emmène en haut de la vallée de l'Adige, non loin d'un lieu de mauvais augure pour les Autrichiens, la plaine de Rivoli. À mesure qu'on s'élève dans la vallée, on remarque bien que, sur leur aile gauche, les Italiens occupent position après position sur les éperons des montagnes avant de pouvoir être repoussés plus bas. Si les Autrichiens pouvaient atteindre la plaine, ce serait à leurs risques et périls, car les Italiens ont des réserves importantes. Inutile de se faire du souci pour le Trentin.

L'attitude de la population derrière la ligne de tir devrait inspirer confiance. J'ai entendu dire que les Italiens étaient un peuple nerveux. Cela ne vaut pas dans cette région-ci. Tandis que je m'approchais du danger, je voyais des rangées de grands et gros messieurs fumant de longs et minces cigares noirs, adossés au mur, au soleil. L'atmosphère générale aurait apaisé un épileptique. L'Italie est parfaitement sûre d'elle dans cette contrée. Enfin, après une longue route sinueuse et en pente, toujours longeant l'Adige, nous atteignîmes Ala, où nous interrogeâmes le commandant du secteur, homme qui avait fait un travail superbe au cours des récents combats. « Vous pouvez bien sûr voir ce front, je vous en prie. Mais pas d'automobile, s'il vous plaît. Cela attire le feu et d'autres que vous pourraient être frappés. » Nous partîmes donc à pied dans une vallée qui se subdivisait plus loin en deux cols. De part et d'autre, on s'était très activement battu, et nous entendions en montant les canons aboyer gaiement, éveillant dans les collines les échos les plus inouïs. Il était difficile de croire que ce n'était pas du tonnerre. Une voix terrible éclatait de temps à autre dans les montagnes, la voix furieuse du Saint Empire romain. Lorsqu'elle résonnait, tous les autres sons étaient réduits à néant. C'était, m'a-t-on dit, le canon maître, l'immense géant de 420 millimètres qui fit crouler l'orgueil de Liège et de Namur. Les Autrichiens en ont apporté quelques-uns d'Innsbruck. Les Italiens m'assurent pourtant qu'au-delà d'un certain point, comme nous l'avons nous-mêmes découvert, la taille du canon importe peu dans les tranchées.

Sur le bord de la route, nous passâmes devant un abri où une tragédie venait de se dérouler, car huit officiers médicaux y avaient été tués par un unique obus. Il n'y avait néanmoins pas de danger particulier dans la vallée, et les tirs visaient les lignes de combat dans les deux cols, au-dessus de nous. Celui de droite, le Buello, a vu quelques-uns des pires combats. Ces deux cols forment l'aile gauche italienne qui tient bon depuis le début. Cela vaut aussi pour l'aile droite. Seul le centre a été enfoncé par les tirs concentrés.

Quand nous arrivâmes à la fourche de la vallée, nous nous arrêtâmes et on ne nous autorisa pas à gagner les tranchées avancées, situées sur les crêtes nous surplombant. Environ mille mètres séparaient les adversaires. J'ai vu certains exemples de prisonniers bosniaques et croates, des hommes au physique et à l'intelligence médiocres, mais les Italiens chantent en termes chevaleresques la bravoure des Hongrois et des Jaeger autrichiens. Certains de leurs actes les dégoûtent pourtant, surtout le fait qu'ils se servent de prisonniers russes pour creuser les tranchées exposées aux tirs. Cela ne fait aucun doute, car certains des hommes ont été libérés et envoyés rejoindre leurs camarades en France. Dans l'ensemble, toutefois, on peut dire que la guerre austro-italienne n'a rien qui corresponde à l'extrême amertume de notre conflit occidental.

Rien ne saurait être plus souple ou plus méthodique que les arrangements italiens sur le front du Trentin. Aucun soldat n'aurait pu résister au feu autrichien. C'est une expérience comparable à celle des Français à Verdun, ou à la nôtre lors de la deuxième bataille d'Ypres. Elle pourrait se reproduire si les Autrichiens font avancer leurs canons. Mais à ce rythme il leur faudrait longtemps pour accomplir un réel effet. On ne peut contempler ces officiers et ces hommes sans mesurer toute leur énergie et toute leur assurance. En réponse à ma question, ils m'affirment qu'il n'y a guère de différence entre les troupes des provinces du Nord et celles du Sud. Même parmi les neiges des Alpes, on me dit que les Siciliens se débrouillent fort bien.

Ce soir-là, je revins à Vérone et le lendemain je partis pour Paris, où j'espère avoir le privilège de me familiariser avec le front de nos excellents alliés. Je quitte l'Italie avec un profond sentiment de gratitude pour l'amabilité qu'on m'a témoignée, et d'admiration pour la manière dont ils jouent leur rôle dans la lutte du monde au nom de la liberté. Ils souffrent de tous les désavantages possibles, économiques et politiques. Et malgré cela, ils ont superbement agi. Trois mille kilomètres carrés de territoire ennemi sont déjà en leur possession. Ils soulagent énormément la pression sur les Russes qui, en dépit de toute leur bravoure, auraient bien pu être écrasés l'été dernier durant le *Durchbruch*[1], si l'attention de tant de soldats autrichiens n'avait été détournée. L'heure est maintenant venue où, par son avancée dans le marais du Pripet, la Russie rembourse sa dette. Mais cette dette est commune à tous les Alliés. Qu'ils la gardent présente à l'esprit. Les reproches méprisants et les propos inconsidérés ont fait beaucoup de mal. Une chaleureuse poignée de main, de félicitations et de sympathie, voilà ce que l'Italie mérite, et la justice et la politique veulent qu'on la lui accorde.

---

1. En allemand, « percée, brèche ». Le terme désigne une offensive allemande menée en Pologne en 1915 contre les Russes.

Un aperçu des lignes françaises

1

Les soldats français sont magnifiques. Ils sont magnifiques. Il n'y a pas d'autre mot pour exprimer cette réalité. Il ne s'agit pas simplement de leur bravoure. Toutes les races ont fait preuve de bravoure dans cette guerre. Mais c'est leur solidité, leur patience, leur noblesse. Je n'imagine rien de plus superbe que l'attitude de leurs officiers. Elle est fière sans être arrogante, sévère sans être farouche, sérieuse sans être déprimée. Tels sont aussi les hommes qu'ils dirigent avec tant d'habileté et de dévouement. Sous les terrifiants coups de boutoir des événements, les tempéraments nationaux semblent s'inverser. C'est notre soldat britannique qui devient désinvolte, insouciant et gai, tandis que le Français a acquis un flegme solennel et une patience taciturne qui n'appartenaient jadis qu'à nous. Au cours d'une longue journée dans les tranchées françaises, je n'ai pas entendu une seule fois le son de la musique ou d'un rire, et je n'avais pas vu un seul visage qui ne fût pas plein de la plus austère détermination.

L'Allemagne avait décidé de saigner la France à blanc. Eh bien, elle l'a fait. La France est pleine de veuves et d'orphelins d'un bout à l'autre du pays. En proportion de sa population, c'est peut-être elle qui a le plus souffert. Mais en exécutant sa mission infernale, l'Allemagne aussi s'est saignée à blanc. Sa lourde rapière a fait son office, mais le vif sabre français n'a rien perdu de son talent. À la fin, la France sera debout, faible et vacillante, et son immense ennemie sera étendue morte à ses pieds. Mais c'est une action effrayante, une action comme le monde n'en avait encore jamais vu. Elle est redoutable pour les Français. Elle est redoutable pour les Allemands. La malédiction divine s'abatte sur les hommes arrogants et sur les ambitions impies qui ont lâché cette horreur sur l'humanité ! En voyant ce qu'ils ont fait, et en sachant qu'ils l'ont fait, on penserait qu'un cerveau humain perdrait la raison sous ce fardeau. Peut-être le cerveau central de toute l'affaire avait-il perdu la raison dès le départ. Mais quel type de gouvernement que celui dans lequel un seul cerveau dément peut causer la perte de l'humanité[1] !

Si l'on s'aventure dans les hauts lieux de l'humanité, les lieux d'où devrait venir l'autorité, il me semble qu'on doit se rappeler les dernières paroles du chancelier suédois qui déclara que la folie des dirigeants était ce qui l'avait le plus stupéfait dans son expérience de la vie[2]. Hier, j'ai rencontré l'un de ces hommes de pouvoir – M. Clemenceau, jadis président du Conseil des ministres, à présent destructeur de gouvernements. C'est par nature un destructeur, incapable de rebâtir ce qu'il a démoli. Avec sa force personnelle, son éloquence, sa voix de stentor, sa plume acerbe, il pourrait anéantir toute politique, mais il ne prendrait pas même la peine de suggérer une alternative. Alors que j'avais devant moi son visage de vieux boxeur (il

---

1. Conan Doyle fait allusion à Guillaume II ; toutes sortes de rumeurs, fondées sur la bizarrerie de son caractère, couraient sur la santé mentale de l'empereur d'Allemagne.

2. Axel Gustafsson, comte Oxenstierna (1583-1654), chancelier de Suède, écrivit en 1648 dans une lettre : « Tu ne sais pas, mon fils, comme le monde est gouverné avec peu de sagesse. »

ressemble remarquablement à Jem Mace[1] tel que je me souviens de lui, vers la fin de sa vie), ses yeux gris pleins de colère et son sourire malfaisant, brutal, je lui ai trouvé l'air d'un homme très dangereux. Ma conversation avec lui, si on peut appeler conversation le rapprochement d'un ruisseau et du Niagara, portait sur l'injustice du taux de change anglais ; selon moi, cela ressemblait fort à se plaindre du baromètre. Mon compagnon, qui a oublié davantage d'économie que Clemenceau n'en a jamais connu, était sur le point de demander si la France était prête à accepter le rouble à sa valeur faciale, mais la voix rugissante, comme un phonographe sonore à l'aiguille émoussée, submergea tout raisonnement. Nous avons nous aussi nos hommes dangereux, mais aucun qui soit de la même catégorie que Clemenceau. Ces hommes mettent en rage ceux qui les connaissent, inquiètent ceux qui ne les connaissent pas, font se quereller tout le monde, sont de sains irritants en temps de paix et des dangers publics en temps de guerre.

*

Pourtant, c'est là une digression. J'avais entrepris d'évoquer ma journée passée sur le front français, mais j'en parlerai plus abondamment quand je reviendrai d'Argonne. C'est pour Soissons que nous partîmes, passant en chemin devant une partie du théâtre de nos propres opérations premières, notamment la bataille de Villers-Cotterêts[2] ; le bois était exactement comme je l'avais imaginé. Le neveu de mon compagnon était l'un de

1. Jem Mace (1831-1910), célèbre champion de boxe britannique, qui disputa son dernier match en 1909.
2. Une « bataille de Villers-Cotterêts » devait avoir lieu en juin 1918, mais Conan Doyle fait référence à un autre épisode, qui suivit de près la bataille de Mons, fin août 1914.

ces officiers de la garde dont le corps repose aujourd'hui dans le cimetière du village, avec un petit drapeau britannique qui flotte encore au-dessus. Ils gisent ensemble et leur tombe est entretenue avec des soins pieux. Parmi les arbres bordant la route se trouvaient d'autres tombes de soldats, enterrés là où ils étaient tombés. « Choisis ta place et, ton heure venue, étends-toi pour dormir. »[1]

Soissons est une ruine considérable, même si elle est loin d'être une autre Ypres. Mais la cathédrale pourrait faire pleurer et fera pleurer plus d'un Français patriote. Ces sauvages ne peuvent s'empêcher de saccager une belle église. En cet édifice, absolument inchangé depuis des siècles, Saint Louis s'était consacré à la croisade. Chaque pierre en était sainte. Et maintenant les superbes vitraux anciens jonchent le sol, et le toit forme un énorme tas de décombres en travers de la nef centrale. Un chien l'escaladait quand nous entrâmes. Pas étonnant que les Français se battent bien. Une telle vision pousserait au désespoir l'homme le plus modéré. L'abbé, un bon prêtre au visage large et facétieux, nous fit visiter son domaine effondré. Il était plein de souvenirs de l'occupation allemande[2]. Une de ses anecdotes personnelles était réellement extraordinaire. Dans l'ambulance locale, une dame avait juré d'embrasser le premier soldat français qui rentrerait dans la ville. Elle s'exécuta, et l'homme s'avéra être son mari. L'abbé est un brave homme, bon et sincère, mais il a le visage facétieux.

Une rue en ruine conduit à une ouverture dans les tranchées. On voit sur les murs les marques de l'occupation allemande. « Berlin – Paris », surmontant une flèche, orne un des angles. À

---

1. Conan Doyle cite ici les deux derniers vers d'un poème écrit par Lord Byron en 1824, l'année de sa mort, « En ce jour j'ai trente-six ans révolus ».
2. Il s'agit de l'occupation prussienne en 1870.

un autre endroit, le 76ᵉ régiment a commémoré le fait qu'il était présent ici en 1870 et à nouveau en 1914. Si les Soissonnais sont sages, ils conserveront ces inscriptions comme rappel pour la génération montante. J'imagine cependant qu'ils auront envie de blanchir à la chaux, de désinfecter et d'oublier.

Un soudain virage parmi des murs éboulés nous mène dans la tranchée de communication. Notre guide est un commandant d'état-major, grand homme mince aux yeux gris et durs et au visage sévère. Il est d'autant plus sévère envers nous qu'il doit croire la rumeur mensongère selon laquelle, parmi nos soldats, seulement un sur six est envoyé dans les tranchées. Pour le moment, il n'est pas l'ami des Anglais. Peu à peu, néanmoins, nous en venons à nous entendre mieux, nous découvrons une étincelle dans ces yeux gris et durs, et la journée se termine par un échange de cannes et un renouveau de l'Entente cordiale. Puisse ma canne se transformer en bâton de maréchal.

*

Un charmant jeune officier subalterne d'artillerie est notre guide dans ce dédale de tranchées, et nous marchons, marchons, encore et toujours, échangeant des compliments tandis que les canons de 75 des Français et les 77 des Allemands échangent des tirs, très haut dans le ciel. Les parois sont couvertes de palissades de part et d'autre, ce qui leur donne un air plus permanent que celles des Flandres. Nous rencontrons un garçon superbe, hâlé, droit, vif comme l'éclair, qui commande cette section. Un peu plus loin, un capitaine d'infanterie, casqué, tireur expert, rejoint notre petit groupe. Nous sommes maintenant dans la tranchée la plus avancée. Je m'attendais à voir des hommes primitifs, barbus et dépenaillés. Mais les poilus ont disparu. Les hommes qui m'entouraient étaient propres et nets, à un point remarquable.

J'ai cependant compris qu'ils avaient des difficultés internes. Sur une planche, j'ai lu une vieille inscription : « C'est un Boche, mais c'est le compagnon inséparable d'un soldat français. » Au-dessus était dessiné grossièrement un pou.

On me conduit jusqu'à une brèche rusée, d'où j'aperçois la campagne française comme un petit tableau encadré. Il y a des champs, une route, une colline pentue surmontée d'arbres à l'arrière-plan. Tout près, à trente ou quarante mètres, se trouve une maison basse au toit de tuiles rouges. « Ils sont là, dit notre guide. C'est leur avant-poste. On les entend tousser. » Seuls les canons toussaient ce matin-là, nous n'entendîmes donc rien, mais il était assurément admirable d'être si prêt de l'ennemi et pourtant dans un tel calme. Je suppose que des visiteurs venus de Berlin s'étonnent tout autant d'entendre tousser les Français quand on les mène jusqu'à cette maison. La guerre moderne a des côtés bien extraordinaires, c'est certain.

On nous montre maintenant toutes les inventions qu'une année d'expérience a suggérées au cerveau rapide de nos alliés. C'est un point que l'on ne peut aborder en toute liberté. Tous les types de bombes, de catapultes et de mortiers de tranchée étaient à portée de main. Toutes les méthodes de tirs croisés avaient été étudiées dans le détail. La disposition des mitrailleuses avait néanmoins quelque chose qui chagrinait le commandant. Il appela le canonnier. Ses lèvres minces devinrent plus minces encore, et ses yeux gris plus austères encore alors que nous attendions. D'un terrier surgit bientôt un jeune homme d'une beauté rare, brun comme un Espagnol. Il se présenta bravement devant le commandant et répliqua avec respect mais fermeté. « Pourquoi ? », demanda le commandant. Et à nouveau « Pourquoi ? » Adonis avait réponse à tout. Les deux hommes en appelèrent au grand capitaine des tireurs, visiblement embarrassé. Il se tenait sur un pied et se grattait le menton. Finalement, le commandant se détourna, furieux, au beau milieu d'une des phrases volubiles d'Adonis. Son visage montrait que le problème n'était pas réglé. Dans l'armée française, on prend la guerre très au sérieux, et toute erreur professionnelle est promptement punie. On m'a dit combien d'officiers de haut rang ont été cassés par les Français pendant la guerre. Le chiffre était très élevé. Un général vaincu n'est pas plus pardonné qu'au temps de la République, quand le délégué de la Convention, muni d'une guillotine portative, passait au quartier général afin de soutenir une offensive plus vigoureuse.

*

Alors que j'écris ces lignes, des clairons retentissent dans la rue et je cours à ma fenêtre ouverte, d'où je vois le 41e de ligne marcher vers ce qui pourrait devenir une bataille considérable. Comme j'aimerais qu'ils puissent défiler sur le Strand[1] tels qu'ils sont ! Combien Londres les acclamerait ! Chargés comme des mulets, avec un énorme sac dans le dos et souvent aussi les deux mains pleines, ils gardent une élasticité dans la marche qui fait plaisir à voir. Ils défilent en pelotons, et la procession est longue, car un régiment français est bien sûr égal à trois bataillons. Les hommes sont plutôt petits, trapus, brunis par le soleil, sans jamais un sourire – n'ai-je pas dit qu'ils partaient pour une zone sinistre ? –, mais leur visage est de granit. Il fut un temps où nous parlions de rendre plus rigoureuse l'armée française. Je suis prêt à croire que notre première force expéditionnaire aurait pu donner de la rigueur à une armée de conscription, car je ne crois pas qu'une plus belle armée soit jamais partie combattre. Mais il serait ridicule de parler à présent de donner

---

1. Importante rue du centre de Londres, reliant la City au Parlement.

de la rigueur à ces gens-ci. Autant essayer de donner plus de rigueur à la vieille garde royale. Il existe peut-être des régiments faibles, mais je n'en ai pas vu.

Il me semble que les artistes et les cinéastes se sont montrés injustes envers l'armée française en insistant sur le pittoresque du corps d'armée colonial. On a l'impression que ce sont les Arabes et les nègres qui tirent la France d'embarras. C'est absolument faux. Ses propres fils font courageusement le travail. L'élément colonial est en réalité très limité, si limité que je n'en ai pas vu une seule unité durant toutes mes pérégrinations françaises. Les coloniaux sont de bons soldats, comme nos splendides highlanders, ils frappent l'œil de manière un peu dure pour leurs voisins. Quand il y a des tâches pénibles à accomplir, c'est en général le bon petit pioupiou français à qui elles incombent. Il n'y a pas de meilleur soldat en Europe. Si nous sommes aussi bons – et je crois que nous le sommes –, il y a de quoi être fier.

*

Mais revenons-en aux tranchées de Soissons. Il avait commencé à pleuvoir à verse, et nous fûmes contraints de nous réfugier dans l'abri du tireur. Nous étions huit, assis dans l'obscurité profonde, blottis les uns contre les autres. Le commandant ruminait encore cette histoire de mitrailleuse mal placée, incapable de passer à autre chose. Ma connaissance imparfaite du français m'empêchait de suivre toutes ses plaintes, mais une autre voix prenant le parti de l'offenseur lui arracha un « Jamais ! Jamais ! Jamais », glapi comme par le canon lui-même. Nous étions huit dans cette galerie souterraine, et certains fumaient. Mieux aurait valu un déluge qu'une atmosphère pareille. Mais s'il y a bien une chose au monde que l'officier français évite de son mieux, c'est la pluie et la boue. La raison en est qu'il est extraordinairement coquet. Son charmant uniforme bleu, ses garnitures, ses guêtres, chaussures et ceintures brunes, sont toujours propres comme un sou neuf. C'est le dandy du conflit européen. J'ai remarqué dans les tranchées des officiers au pantalon soigneusement repassé. Je pense que c'est tant mieux ainsi. Wellington disait que les dandys faisaient les meilleurs officiers. Il est difficile pour les soldats de succomber au mécontentement ou au désespoir lorsqu'ils voient l'apparence soignée de ceux qui les dirigent.

Parmi les nombreux petits détails par lesquels les uniformes français indiquent avec précision mais discrétion le rang et l'arme de celui qui les porte, il y en avait un qui m'intriguait. On le trouvait sur la manche gauche d'hommes de tous rangs, des généraux aux simples soldats, et il consistait en petits chevrons d'or, un, deux ou davantage. Aucune règle ne semblait les gouverner, car le général pouvait n'en avoir aucun, et j'entendais parler de simples soldats qui en portaient dix. Puis je résolus le mystère. Il s'agit du nombre de blessures reçues. Quelle idée admirable ! Nous devrions assurément nous hâter de l'introduire parmi nos propres hommes. Elle ne coûte guère et signifie beaucoup. Si l'on peut atténuer la souffrance d'une blessure par l'idée qu'elle vaut au soldat un honneur durable parmi ses semblables, alors il faut le faire. Les médailles aussi sont distribuées plus généreusement et avec plus de pompe que chez nous. Je suis convaincu que l'effet est positif.

*

La pluie vient de s'arrêter et nous sortons de notre terrier. Une fois de plus, on nous emmène dans cette interminable tranchée de communication, une fois de plus nous trébuchons au milieu des ruines, une fois de plus nous débouchons dans la rue où nos voitures nous attendent. Dans le ciel, le duel d'artillerie se poursuit allègrement. Les Français tirent trois ou quatre salves contre une, et c'est ce que j'ai vu faire à chacune de mes visites sur le front allié. Grâce au zèle extraordinaire des ouvriers français, et surtout des Françaises, et grâce aux ingénieurs qui ont su adapter les machines, les munitions sont abondantes. Aujourd'hui encore, ils fabriquent chaque jour plus d'obus que nous, sans compter ce que nous fournissons à la flotte, cependant. Mais l'un des miracles de la guerre est que les Français, dont le charbon et le fer sont tombés entre les mains de l'ennemi, parviennent à égaler la production de nos grands centres industriels. Bien sûr, nous leur fournissons l'acier, chose dont nous pouvons au moins nous vanter.

Et c'est ainsi, après la cérémonie d'échange des cannes, nous disons adieu aux lignes de Soissons. Demain nous partons pour une plus longue visite de l'Argonne, région plus terrible, voisine de Verdun, et elle-même théâtre de tant d'épisodes glorieux et tragiques.

2

Un distique de Stevenson m'obsède : « Une guerre éclata en un lieu boisé / Dans une terre au-delà des mers[1]. » Je reviens de trois jours de rêve merveilleux dans ce lieu boisé. Il se trouve entre la région ouverte et verdoyante de Verdun immédiatement à sa droite, et les falaises crayeuses de Champagne à gauche. Si l'on pouvait imaginer de transporter ces lignes dans notre New Forest ou dans les Adirondacks d'Amérique, cela donnerait une idée du terrain, hormis le fait que c'est une contrée très accidentée, avec des collines et des vallées abruptes. C'est cette particularité qui rend la guerre sur ce front différente de toute autre, plus pittoresque et plus secrète. À l'avant, les lignes de combat sont à moitié dans le sol argileux, à moitié à l'abri de troncs déracinés. Entre les deux, la masse des soldats vivent comme des animaux des bois, creusant des galeries à flanc de colline et entre les racines des arbres. C'est une guerre à part, et tout à fait extraordinaire à voir.

À trois endroits distincts, j'ai vu le front de cette vaste région, en allant des lignes d'un corps d'armée à celles d'un

---

1. Ces deux vers sont extraits de la ballade « Ticonderoga, légende de l'ouest des Highlands », dans laquelle Robert Louis Stevenson évoque la bataille de Ticonderoga (1759), qui opposa Français et Anglais en Amérique du Nord.

autre. Dans ces trois endroits j'ai trouvé les mêmes conditions, dans les trois j'ai aussi fait le même constat agréable qu'à Soissons : les Français tirent au moins cinq salves, et très souvent dix, contre une des Boches. Il n'en a pas toujours été ainsi. Les Allemands rendaient jadis scrupuleusement tir pour tir. Mais qu'ils aient déplacé leurs canons vers Verdun, tout près de là, ou que toutes les munitions soient consacrées à cette ville, ce qui est plus vraisemblable, il est certain que pendant les trois jours auxquels je fais allusion (les 10, 11 et 12 juin) ils avaient nettement le dessous. Certains signes indiquaient que, pour une raison ou pour une autre, leur moral était au plus bas. La veille de notre arrivée, les Français avaient massé toutes leurs fanfares sur le front et, en l'honneur de la victoire russe, elles avaient joué *La Marseillaise* et l'hymne national russe, en terminant par des acclamations générales et des réprimandes conçues pour agacer. À défaut d'aiguillonner le Boche, le concert s'était conclu sur un salut tiré par cent canons à mitraille. Après avoir traîné leurs uniformes d'un bout à l'autre de la ligne, ils avaient fini par renoncer à attirer l'ennemi. La pénurie de nourriture pourrait bien avoir été la cause du manque d'élan des Allemands. Il y a des raisons de penser qu'ils ravitaillent leurs combattants dans les endroits comme Verdun ou Hooge, où ils ont besoin de toute leur énergie, aux dépens des hommes qui sont sur la défensive. Si c'est le cas, nous le saurons quand nous attaquerons. Les officiers français m'ont assuré que les prisonniers et les déserteurs se plaignaient amèrement de la maigreur des rations. Il est pourtant difficile de croire que les beaux efforts de notre ennemi à Verdun soient l'œuvre d'hommes à demi affamés.

*

Pour en revenir à mes impressions personnelles, c'est à Châlons que nous étions descendus du train de Paris, Châlons qui venait d'être touchée par le courant le plus avancé du premier grand raz-de-marée allemand. Un parcours en voiture d'une trentaine de kilomètres nous conduisit à Sainte-Ménehould, puis quinze autres kilomètres nous menèrent au front, dans le secteur du général de division H, un superbe soldat ; Dieu protège l'Allemagne si sa division et lui arrivent à franchir sa frontière car, comme on le voit au premier coup d'œil, c'est un homme de fer, rendu féroce par tout ce que son cher pays a enduré. C'est un personnage de taille moyenne, très brun, au visage d'aigle, très abrupt dans ses mouvements, doté de deux yeux gris acier qui sont les plus pénétrants que j'aie rencontrés. Son hospitalité et sa courtoisie envers nous étaient sans limites, mais le personnage a une autre facette, qu'il est plus sage de ne pas provoquer. Il nous emmena en personne jusqu'à ses lignes, passant à travers les habituels villages dévastés. Là où la route plonge dans la grande forêt, il existe un point particulier qui est visible pour les observateurs de l'artillerie allemande. Le général le mentionna alors, mais sa remarque semblait dénuée d'intérêt personnel. Nous la comprîmes mieux le soir, à notre retour.

Nous nous trouvions à présent dans les profondeurs du bois, dans une antique forêt de chênes et de hêtres, sur cet épais sol argileux que les grands chênes adorent. Il avait plu et l'on s'embourbait jusqu'au genou dans les chemins forestiers. Partout, à droite et à gauche, les visages des soldats, endurcis par une année au grand air, se levaient vers nous, depuis leurs galeries. Une silhouette alerte, toute de bleu vêtue, se dressa sur le chemin pour nous accueillir. C'était le colonel du secteur. Il ressemblait à un point ridicule à Cyrano de Bergerac interprété par feu

M. Coquelin[1], hormis le fait que son nez était de dimensions plus modérées. Le teint rubicond, la moustache féline, hérissée, aux pointes retroussées, la posture solide, la tête renversée en arrière, la ressemblance générale avec un petit coq, tout cela se tenait face à nous alors qu'il s'était planté au soleil, parmi le feuillage. Il ne lui manquait que les gantelets et la longue rapière. Quelque chose amusait Cyrano. Sa moustache frémissait de joie retenue, et ses yeux bleus brillaient timidement. Puis la plaisanterie sortit. Il avait repéré un groupe d'Allemands, ses canons s'étaient concentrés sur eux, après quoi il avait vu arriver les civières. Plaisanterie macabre, pensera-t-on peut-être. Mais les Français ne voient pas cette guerre du même œil que nous. Si nous avions le Boche assis sur nos têtes depuis deux ans, sans trop savoir encore si nous pourrons un jour l'en déloger, nous adopterions le point de vue de Cyrano. Ceux d'entre nous dont des proches ont été assassinés par des zeppelins ou torturés dans les prisons allemandes l'ont probablement déjà adopté.

*

Nous passâmes parmi les soldats français en petite procession et vîmes leurs divers arrangements. Pour eux, nous étions une petite distraction au sein d'une vie monotone, et ils se formaient en rangs sur notre passage. Mon propre uniforme britannique et les tenues civiles de mes deux compagnons les intéressèrent. En voyant ces groupes se former de façon peut-être plus familière que ce ne serait le cas dans l'armée britannique, le général leur lançait un regard bienveillant, de ses yeux si particuliers, et les appela par deux fois « Mes enfants ». On pourrait croire

---

1. Constant Coquelin, dit Coquelin Aîné (1841-1909), créateur en 1897 du rôle de Cyrano de Bergerac dans la pièce homonyme d'Edmond Rostand.

que « chacun fait ce qui lui plaît » parmi les Français. Il en est ainsi tant que la discipline vous plaît. Quand vous vous en écartez, on vous le fait savoir. Tout le monde s'arrêta soudain en passant devant un groupe d'hommes debout sur une petite éminence, au-dessus de nous. Je regardai autour de moi. Le visage du général n'était que ciment et acier. Ses yeux étaient froids mais enflammés, comme le soleil sur des glaçons. Il était arrivé quelque chose. Cyrano avait bondi à son côté. Sa moustache roussâtre s'élançait plus loin que son nez et se hérissait comme celle d'un chat en colère. Tous deux regardaient le groupe qui occupait une hauteur. Un malheureux se détacha de ses camarades et descendit la pente. Le capitaine et le second d'un bateau à viande yankee n'auraient pu mieux foudroyer du regard un mutin. Pourtant, il ne s'agissait que d'une infraction minime qui fut réglée sommairement par deux jours au trou. Puis, en un instant, les visages se détendirent, on entendit un bourdonnement général de soulagement et nous en étions revenus à « Mes enfants ». Mais n'allez surtout pas croire que la discipline soit relâchée dans l'armée française.

Les tranchées sont les tranchées, et la principale spécificité de celles d'Argonne est qu'elles sont plus proches de l'ennemi. En fait, les unes et les autres se rejoignent par endroits, et les postes avancés sont joue contre joue, avec un bon blindage d'acier leur couvrant les joues. On nous conduisit à un poste d'écoute où les Allemands se trouvaient de l'autre côté d'une étroite route forestière. Si je m'étais penché en tendant la main et qu'un Boche en avait fait autant, nous aurions pu nous toucher. J'ai regardé, mais je n'ai vu qu'un pêle-mêle de fil de fer et de bâtons. Il était interdit même de murmurer dans ces postes avancés.

*

Quand nous sortîmes de ces lieux de danger où le silence est de rigueur, Cyrano nous emmena tous dans son abri, charmant petit cottage taillé à flanc de colline et tapissé de rondins. Il nous fit les honneurs de son humble cabane avec l'air d'un seigneur recevant dans son château. Il y avait peu de meubles, mais de quelque manoir détruit il avait tiré une plaque de cheminée en fer, qui ornait son foyer. C'était un magnifique objet médiéval, dont le centre était orné d'une Vénus, dans son costume traditionnel. Cela me parut être la touche finale au portrait du vaillant et viril Cyrano. Je ne l'ai rencontré que ce jour-là et je ne le reverrai jamais, mais il persiste dans ma mémoire comme un souvenir complet. Aujourd'hui encore, alors que j'écris ces lignes, il arpente les chemins feuillus de l'Argonne, son regard farouche toujours en quête de soldats boches, sa moustache rousse se hérissant à la perspective de leur anéantissement. Ce personnage me semble sorti du passé de la France.

Ce soir-là, nous dînâmes avec encore un autre type de soldat français, le général A., qui commande le corps dont mon ami dirige une division. Chacun de ces généraux français possède une personnalité frappante, que j'aimerais pouvoir transcrire sur le papier. Leur seul point commun est que chacun semble être un militaire de qualité exceptionnelle. Ce général de corps d'armée est Athos avec une touche de D'Artagnan. Il mesure bien plus d'un mètre quatre-vingts, il est rude, jovial, doté d'une énorme moustache retroussée et d'une voix qui rassemblerait tout un régiment. C'est une silhouette majestueuse qui aurait dû être peinte par Van Dyck, avec une collerette de dentelle, la main sur l'épée et le poing sur la hanche. Il avait beau être jovial et rieur, un soldat strict et sévère se cachait derrière les sourires. Son nom pourrait figurer dans l'histoire, tout comme celui d'Humbert, qui dirige toute l'armée dont le corps susdit n'est qu'une unité. Humbert est un personnage à la Lord Robert[1], petit, nerveux, vif, mi-acier, mi-élastique, à la moustache courte et à pointes raides, que l'on imagine crépitant d'électricité dans les moments d'excitation, comme la fourrure d'un chat. Tout ce qu'il fait et dit est rapide, abrupt et pertinent. Ses remarques éclatent comme des coups de feu, visant tel ou tel homme. Un jour, à mon grand effroi, il fixa sur moi ses petits yeux durs et demanda : « Sherlock Holmes, est-ce qu'il est soldat dans l'armée anglaise ? » Toute la table attendait ma réponse, dans un silence religieux. « Mais, mon général, balbutiai-je, il est trop vieux pour le service. » Après un éclat de rire unanime, je sentis que je m'étais bien tiré d'un endroit dangereux.

À propos d'endroits dangereux, j'avais oublié cette partie de la route d'où l'observateur boche pouvait voir nos automobiles. Il y avait même installé une mitrailleuse, le brigand, et il attendit toute la journée notre retour. À peine étions-nous apparus sur la pente qu'un obus de mitraille explosa au-dessus de nous, mais un peu derrière moi, sur la gauche. S'il était arrivé tout droit, la deuxième voiture aurait tout pris, et il aurait pu y avoir un siège à pourvoir dans l'équipe éditoriale d'un des principaux journaux de Londres. Le général cria au chauffeur d'accélérer, et nous fûmes bientôt loin des canonniers allemands. Dans ce contexte, on devient parfaitement insensible aux bruits, car les canons qui vous entourent sont plus bruyants que tous les obus qui éclatent autour de vous. C'est seulement quand vous voyez réellement le nuage au-dessus de vous que vous en venez à songer à vous-même, et que vous prenez conscience de n'être

---

1. Le général Georges-Louis Humbert (1862-1921) commandait alors la IIIe armée. « Lord Robert » pourrait être une allusion à Robert Dudley, comte de Leicester (1532-1588), favori de la reine Élisabeth Ire.

qu'un figurant inutile dans ce drame extraordinaire, mais que vous n'en êtes pas moins sur scène et non en coulisses.

*

Le lendemain matin, nous étions à nouveau dans les tranchées du front, sur une autre portion de la ligne. Bien loin sur la droite, depuis un point nommé l'« Observatoire », on pouvait voir l'extrême gauche de la position de Verdun et des obus éclatant au-dessus du ravin de la Fille-Morte. Au nord, on voyait une large étendue de France ensoleillée, avec ses villages blottis, ses châteaux épars, ses églises rustiques, le tout aussi inaccessible que s'ils se trouvaient sur la lune. C'est une chose terrible que cette barrière allemande, chose impensable pour des Britanniques. Se trouver à la limite du Yorkshire et contempler le Lancashire en sentant qu'il est en d'autres mains, que nos compatriotes souffrent là-bas et attendent, attendent de l'aide, et qu'au bout de deux ans nous ne nous sommes pas rapprochés d'un mètre : cela ne nous briserait-il pas le cœur ? Comment s'étonner qu'il n'y ait pas un sourire sur le visage austère de ces Français ? Mais quand la barrière sera brisée, quand la frontière sera balayée, comme elle le sera forcément, quand les baïonnettes françaises brilleront sur ces hautes terres et quand les drapeaux français écloront sur ces clochers de villages, ah, quel beau jour ce sera ! Ce jour-là, des hommes mourront de pure joie délirante. Nous ne pouvons nous représenter ce que cela signifie pour la France, d'autant moins qu'elle attend son heure avec tant de patience et de noblesse.

C'est encore un autre type de général français qui nous guide ce matin ! Lui aussi est un homme à part, un homme inoubliable. Imaginez un homme au grand visage large, empli de bonne humeur, et deux yeux d'otarie, noirs et placides, qui se fixent doucement sur les vôtres. Il est jeune, a les joues roses et la voix douce. Tel est l'un des plus redoutables combattants de France, le général de la division D. Ses anciens officiers d'état-major m'ont un peu parlé de lui. C'est un philosophe, un fataliste, insensible à la peur, un rêveur qui s'abîme dans des songes lointains parmi les plus furieux bombardements. Le poids de l'assaut français sur le terrible labyrinthe tomba un jour sur la brigade qu'il commandait. Il les emmenait jour après jour ramasser des Allemands, de l'air détaché de l'homme de science qui part à la recherche de spécimens. Quel que soit le trou d'obus où le hasard l'obligeait à prendre son déjeuner, il jonchait et décorait sa table de fleurs sauvages cueillies au bord du cratère. Si le sort se montre généreux avec lui, il ira loin. Outre sa valeur, on reconnaît en lui un des soldats les plus scientifiques de France.

De l'Observatoire, nous assistâmes à la destruction d'une tranchée allemande. On y avait remarqué des signes d'activité, et il avait été décidé de l'obstruer. Elle formait un trait brun tout à fait visible, à environ mille mètres. Le message fut transmis aux « 75 » à l'arrière. Il y eut un « tir rapide » au-dessus de nos têtes. Ma parole, l'homme qui tient debout sous un « tir rapide » est un fameux gaillard, qu'il soit boche, français ou britannique ! Le simple passage des obus était impressionnant, d'abord comme les cris d'un vent d'hiver, puis s'intensifiant comme le hurlement d'une meute de loups. La tranchée était une ligne d'explosions terribles. Puis la poussière retomba et le calme revint. Où étaient les fourmis qui avaient fait le nid ? Étaient-elles enterrées sous les décombres ? Où s'étaient-elles échappées ? Personne n'aurait pu le dire.

Il y avait un petit canon qui me fascinait, et je restai un moment à le contempler. Ses trois canonniers, d'énormes hommes casqués, l'adoraient évidemment, et le touchaient d'une caresse rapide mais tendre à chaque mouvement. Lorsqu'il tirait, il remontait un plan incliné pour atténuer le recul, puis repartait, se retournait et revenait bruyamment vers les canonniers qui connaissaient ses façons. La première fois, je me tenais derrière lui, et je ne sais pas qui se déplaça le plus vite, le canon ou moi.

Au-dessus d'un certain rang, les officiers français cultivent et étalent leur propre individualité. Dans les rangs inférieurs, les conditions du service imposent une certaine uniformité. L'officier britannique est d'abord un gentleman britannique, un officier ensuite. Le Français est d'abord un officier, même si l'homme du monde se trouve néanmoins derrière lui. Dans ces bois d'Argonne, nous fîmes pourtant la connaissance d'un bien curieux personnage. C'était un Franco-Canadien qui avait d'abord été soldat français, puis avait fondé un foyer au fin fond de l'Alberta, et était à présent revenu spontanément combattre sous son vieux drapeau, bien que naturalisé britannique. Il parlait une sorte d'anglais, également incroyable par la qualité et la quantité. Son verbiage se déversait et, à ce que je pouvais en comprendre, était de la variété laineuse occidentale. Ses vues sur les Allemands étaient les plus affirmées que nous ayons rencontrées. « Ces foutus fils de … ! » – disons « gourgandines » – hurlait-il, secouant le poing en direction des bois situés au nord. Notre compatriote était un homme courageux, car il arborait, épinglée sur sa poitrine, une toute récente Légion d'honneur. On l'avait placé avec quelques hommes sur la colline 285, sorte de volcan farci de mines, et on lui avait dit de téléphoner quand il aurait besoin de renforts. Il avait refusé de téléphoner et était resté là-bas trois semaines. « On attend comme un lapin dans sa maison », expliquait-il. Il n'avait qu'un grief. Beaucoup de sangliers couraient dans la forêt, mais l'infanterie était trop occupée pour les attraper. « C'est la foutue artillerie qui rafle tous les sangliers ! » De sa poche il sortit la photographie d'une maison en bois entourée de neige, avec une dame et deux enfants sur le perron. C'était son foyer à Trochu, à cent kilomètres de Calgary.

*

C'est le soir du troisième jour que nous tournâmes notre visage à nouveau vers Paris. Ce fut mon dernier aperçu des Français. Le rugissement de leurs canons m'accompagna longtemps en chemin. Soldats de France, adieu ! Je vous salue selon votre propre formule ! Beaucoup vous ont vus, qui étaient plus compétents pour juger de vos nombreuses vertus, beaucoup aussi qui étaient plus habiles à vous dépeindre tels que vous êtes, mais jamais aucun, j'en suis sûr, qui vous ait admirés plus que moi. Glorieux fut le soldat français sous Louis le Roi-Soleil, glorieux aussi sous Napoléon, mais jamais il ne fut plus glorieux qu'aujourd'hui.

Je regagne donc l'Angleterre et mon foyer. Tout ce que j'ai vu m'a remis les idées en place et m'a rendu plus solennel. Seul l'aveugle ne voit pas plus que les hommes et les canons, seul l'aveugle ne saisit pas quelque chose du terrible conflit spirituel qui se joue au cœur de tout cela.

Mes yeux ont vu la gloire de la venue du Seigneur,
Il foule aux pieds le vignoble où sont gardés les raisins de la colère.

Nous n'avons encore trouvé aucun chantre inspiré qui, telle Julia Howe[1], exprimerait la signification divine des événements,

---

1. Les deux vers qui précèdent sont tirés de l'*Hymne de bataille de la République*, chant composé en 1861 par la militante antiesclavagiste américaine Julia Ward Howe.

cette signification qui dépasse les chiffres ou les canons le jour de la bataille. Mais qui pourrait voir les hommes d'Europe alignés en deux rangs, attendant le signal pour se jeter les uns sur les autres, sans savoir qu'il est le témoin du plus terrible de tous les affrontements entre les créatures ici-bas et la grande force d'en haut, qui œuvre si étrangement pour une fin lointaine mais glorieuse ?

Table des matières

Préface 9

Chronologie 19

Introduction 21

Un aperçu de l'armée britannique 23

Un aperçu de l'armée italienne 43

Un aperçu des lignes françaises 59